DIE OFFIZIELL AUTORISIERTE BIOGRAFIE VON DESMOND DOSS
(GEKÜRZTE VERSION)

✝
DER HELD VON
HACKSAW
DIE ERGREIFENDE, WAHRE GESCHICHTE, DIE DEN KINOFILM INSPIRIERTE
RIDGE

BOOTON HERNDON

NACHWORT
VON

DOUG BATCHELOR

MEMENTOMEDIEN

Originaltitel: *Hero of Hacksaw Ridge*
Autor: Booton Herndon
Copyright © 2016
Desmond Doss Council
Georgia Cumberland Conference Association of Seventh-day Adventists
Nachwort Orginaltitel: *The Faith that Shaped the Man*
Autor: Doug Batchelor
Copyright © 2016
Amazing Facts, Inc.

Die Bibelstellen sind, wenn nicht anders vermerkt, der Schlachter 2000 Übersetzung entnommen.

Übersetzung: Nadine Tanase, Robert Kirsch, Mario Arambasic
Lektorat: Gabriele Pietruska
Korrektorat: Daniela Stahl
Titelbild: Motion Picture Artwork © 2016 Summit Entertainment, LLC.
Einbandgestaltung: David Berthiaume, David Arambasic
Satz: David Arambasic
Druck: CPI books GmbH, Leck - Germany

Der Autor ist verantwortlich für alle Aussagen und Zitate in diesem Buch.

© 2017 Memento Medien e.V.
Kronleiten 3
82402 Seeshaupt
www.memento-medien.de

3. Auflage
ISBN: 978-3-944606-04-0

INHALTSVERZEICHNIS

KAPITEL 1

DER EINSAME AUßENSEITER

Es war kurz vor dem ersehnten Zapfenstreich, der den Soldaten die Nachtruhe signalisierte. In der langgestreckten Holzbaracke herrschte chaotischer Trubel und Lärm, während sich die Männer der Kompanie D für ihre Kojen fertig machten. Es war ein kräftezehrender Tag gewesen, und sie waren innerlich aufgebracht. Sie gehörten zu der berühmten 77. Infanterie-Division des Ersten Weltkriegs, die wieder reaktiviert worden war, um auf einem anderen Kriegsschauplatz eingesetzt zu werden, und für sie stand jetzt ihr militärisches Training auf dem Programm. Die Abbildung der Freiheitsstatue auf dem militärischen Rangabzeichen der Division war ein Hinweis auf den Sitz des Hauptquartiers, und die in ihr dienenden Männer waren typische Vertreter des New Yorker Schmelztiegels. Viele hatten im Winter/ Frühling 1942, kurz nach Pearl Harbor, ihre Einberufung erhalten und unterschieden sich von der üblichen Truppe der Wehrpflichtigen dadurch, dass sie nicht nur älter waren, sondern sich durch besondere Härte und eine spöttisch-zynische Art auszeichneten. Während sie nun mehr oder weniger bekleidet durch den Holzbau der Kaserne liefen – in grünen Tarnanzügen oder olivfarbener grober Unterwäsche – ließen sie in ihrem typischen rauen New Yorker Großstadt-Jargon ihrem Ärger lautstark freien Lauf. Ihre Ausdrucksweise war obszön und unflätig, und sie schimpften auf alles und jeden.

Inmitten des allgemeinen Aufruhrs konnte man einen schlanken jungen Mann mit braun gewelltem Haar beobachten, wie er still und ruhig auf seinem fein säuberlich gemachten Bett saß, das mit einer braunen Decke abgedeckt war. War dieser Tag schon für die älteren, abgehärteten Männer hart gewesen, so hatte er sich für diesen jungen Wehrpflichtigen als regelrechter Albtraum gestaltet. Er hatte sich freiwillig der Armee angeschlossen, aber nicht als

Kämpfer, sondern als sogenannter Nichtkombattant, als Kriegsdienstverweigerer aus Gewissensgründen. Er wollte unbedingt seinem Land dienen, aber unter dem Zugeständnis, dass er keine Waffen zu tragen brauchte. Dies war ihm vom Präsidenten der Vereinigten Staaten, Franklin D. Roosevelt, und dessen Generalstabschef der Armee auf der Grundlage der Exekutivorder Nr. 8606 schriftlich garantiert worden. Er war logischerweise davon ausgegangen, dass er eine Ausbildung in irgendeinem medizinischen Bereich durchlaufen würde. Doch hier saß er jetzt inmitten einer Kompanie der Infanterie. Als ein eher unbeholfener, schlaksiger Typ, der in breitem Südstaaten-Slang sprach, stach er schon deswegen aus der breiten Masse der übrigen Männer in der Kaserne heraus – er sah weder aus wie sie, noch redete er wie sie.

Der junge Soldat hatte sich in das Studium seiner Bibel vertieft. Dies war für ihn mehr als nur Ermutigung in seiner Situation, es war ein wichtiger, fester Bestandteil seines Tagesablaufs. Wie immer verspürte er nach der Lektüre des Wortes Gottes inneren Frieden und Trost. Er schloss das Buch und ließ sich dann, so wie es über die Jahre hinweg seine ganz natürliche Gewohnheit geworden war, neben seiner Schlafkoje auf seine Knie herab, um zu beten.

„Hey, schaut euch mal den Prediger da an!", schrie einer, den restlichen Lärm übertönend. „Der betet!"

Es erhob sich lautes Gebrüll und Gejohle voller Spott und Hohn. Buhrufe schallten durch die Kaserne. Unbeirrt und ohne sich zu rühren fuhr der junge Soldat in seinem Gebet fort, noch immer auf den Knien.

Nach einem Tag voller Stress und Anspannung in einem neuen, herausfordernden Umfeld waren die Großstädter überdreht und leicht erregbar. Jeder Prügelknabe, an dem sie ihre aufgestauten Emotionen auslassen konnten, kam ihnen gerade recht. Und jetzt hatten sie das richtige Opfer gefunden. Ein schwerer Soldatenstiefel kam über eine Schlafkoje geflogen und landete krachend auf dem Fußboden direkt neben dem andächtigen jungen Rekruten. Er verfehlte den Betenden nur knapp. Schon flog ein weiterer Schuh in seine Richtung und dann noch einer – begleitet von weiteren gotteslästerlichen Sprüchen. Obwohl der Mann auf den Knien erschrocken und irritiert war, rührte er sich nicht von der Stelle. Natürlich wollte er nicht von einem Schuh getroffen werden, aber sein Gebet deshalb abzubrechen, kam für ihn nicht in Frage. Er sah keinen Anlass, in dieser Situation etwas zu tun, das Gott missfallen könnte.

Von draußen erklangen die ersten Töne des Zapfenstreichs. Der für die

Kaserne verantwortliche Stabsunteroffizier steckte seinen Kopf in den großen Schlafraum und brüllte: „Hey Jungs, jetzt kommt mal hier zur Ruhe!"

Das Licht ging aus, und in der Kaserne kehrte Stille ein. Der junge Soldat hatte sein Gebet beendet und kroch unter die Bettdecke. Als die hell tönenden, schwermütigen Klänge des Zapfenstreichs in der Frühlingsnacht verhallten, lag er schweigend auf der harten schmalen Koje, aber in seinen Augen glitzerten Tränen – Tränen des Schmerzes und der Einsamkeit.

So endete der erste Tag des Gefreiten Desmond T. Doss aus der 77. Infanterie-Division.

Die folgenden Tage erwiesen sich als nicht besser als der erste. Am Abend in der Kaserne machte man sich weiterhin über ihn lustig. Zwar wartete Desmond nun auf das Erlöschen der Lichter, bevor er sich zum Gebet niederkniete, aber gelegentlich wurde immer noch der eine oder andere Schuh durch die Dunkelheit in seine Richtung geschleudert. Was ihn jedoch mehr als alles andere schmerzte war, mit anhören zu müssen, wie ständig in seiner Gegenwart das dritte Gebot übertreten wurde [„Du sollst den Namen deines Herrn nicht missbrauchen"]. Die Männer hatten bemerkt, dass es ihm großen Kummer bereitete, wenn sie ihn den „Heiligen Jesus" nannten. Ein Mann in den Dreißigern namens Karger[1], der ein starker Trinker war und eine besonders harte, raue Stimme hatte, schien alles und jeden zu hassen. Dazu gehörte auch die Religion. Er strengte sich über die Maßen an, Doss in seiner schroffen Stimmlage zu verhöhnen. Dieser zuckte jedes Mal zusammen. Er hatte noch nie in seinem Leben jemanden getroffen, der den Namen Gottes auf so schamlose Weise missbrauchte.

Karger bereitete es offensichtlich Vergnügen, fortwährend seinen widerlichen Humor an Desmond auszulassen. „Wenn wir in die Schlacht ziehen, Doss", sagte er gewöhnlich, „wirst du das nicht überleben. Ich werde dich persönlich erschießen." Und dann lachte er.

Tagsüber hatte der Nichtkombattant ein anderes Problem. Obwohl er der Infanterie zugewiesen war, lehnte er es ab, eine Waffe in die Hand zu nehmen. Vergebens forderte der für die Ausrüstung zuständige Unterfeldwebel ihn auf, eine Waffe zu tragen. Genauso erfolglos waren die anderen Vorgesetzten, der

---

1   Alle Namen in diesem Buch sind unverändert – bis auf drei: Karger, Steinman und Cosner. Desmond Doss hat darum gebeten, die wahre Identität dieser Personen nicht aufzudecken, um zu vermeiden, dass sie nach so langer Zeit noch bloßgestellt werden.

Unteroffizier des Zuges, der Oberleutnant, oder der Hauptmann der Kaserne, als sie ihm denselben Befehl gaben. Der schmächtige Gefreite äußerte seinen Respekt, verweigerte aber dennoch den Befehl. Die Reaktionen wechselten zwischen Drohungen, Anschreien, flehentlichen Bitten und Überredungsversuchen.

Er zeigte Anerkennung gegenüber der Stellung der ihm vorgesetzten Offiziere und wollte auf keinen Fall, dass jemand seinetwegen in Schwierigkeiten kam. Es ging einfach nur darum, dass er von einer höheren Autorität einen Befehl bekommen hatte, der Vorrang vor allen anderen hatte.

Für Desmond Doss war sein Glaube etwas sehr Greifbares, Persönliches. Er war in einer Familie von Siebenten-Tags-Adventisten aufgewachsen. Seine gesamte Schulbildung hatte er an einer adventistischen Schule erhalten, die nur aus einem einzigen Klassenzimmer bestand. Und seine gesamte kirchliche Aktivität hatte in einer Gemeinde der Siebenten-Tags-Adventisten stattgefunden, in die er sich in allen Bereichen und mit vollem Engagement eingebracht hatte. Seine Mutter, seine Lehrer und die Leiter seiner Gemeinde hatten ihm beigebracht, dass die Heilige Bibel das Wort Gottes ist, und Desmond hatte das, was er von ihnen gelernt hatte, ohne Abstriche akzeptiert. Für ihn waren die Zehn Gebote nicht lediglich Verhaltensrichtlinien, die man umsetzen kann, wenn es einem möglich ist. Vielmehr waren sie für ihn das, was die Bibel selbst über sie sagte: Sie stellten den Willen des allmächtigen Gottes selbst dar. Desmond glaubte daran, dass sie sich ganz direkt und persönlich auf ihn, Desmond Thomas Doss, bezogen und ihm galten.

In seinem Elternhaus, einem kleinen Holzhaus in Lynchburg, Virginia, hing an der Wohnzimmerwand eine gerahmte Schriftrolle mit der Darstellung der Zehn Gebote. Oft hatte Desmond als kleiner Junge einen Stuhl vor die Wand geschoben und war darauf geklettert, um das Bild näher zu betrachten. Eigentlich gab es die Regel in seiner Familie, dass es den Kindern ausdrücklich verboten war, mit den Füßen auf den Wohnzimmerstühlen zu stehen. Deshalb beschränkte sich sein Studium dieser religiösen Kunst auf die Zeiten, wenn die Eltern außer Haus waren.

Jedes einzelne Gebot wurde zusätzlich durch eine Zeichnung illustriert. Den stärksten Eindruck machte auf Desmond das Bild, das zu dem sechsten Gebot gehörte: „Du sollst nicht töten". Hier wurde die Geschichte von Kain und Abel dargestellt: Abel lag blutüberströmt am Boden, während Kain blutrünstig über ihm stand, den Dolch noch in der Hand.

Immer wieder musste der junge Desmond in einer Mischung aus seltsamer Faszination und Entsetzen auf dieses Bild starren. Wie konnte ein Mensch nur so böse sein, dass er seinen eigenen Bruder ermordete? Desmond selbst gehörte zu einer warmherzigen, liebevollen und glücklichen Familie. Sein Vater, William Thomas, war Zimmermann, und sein Verdienst während Desmonds Kindheit war ausreichend, um mit seiner Frau und ihren drei Kindern ein angenehmes Leben führen zu können. Desmond, geboren im Februar 1919, war das mittlere Kind. Seine Schwester Audrey war vier Jahre älter als er, sein Bruder Harold Edward zwei Jahre jünger. Als Harold eines Tages an einer seltenen Form von Grippe erkrankte, die mit sehr hohem Fieber einherging, wachte die übrige Familie die ganze Nacht über an seinem Bett.

In seinem Fieberwahn phantasierte Harold und durchlitt solche Qualen, dass seine Mutter neben seinem Bett auf die Knie fiel und zu beten begann. Desmond erinnerte sich daran, wie sie die Worte aus dem Vaterunser wiederholte, „Dein Wille geschehe", und dann fortfuhr: „Und wenn es dein Wille ist, oh Herr, Harold von uns zu nehmen, dann tue es doch bitte jetzt gleich. Dann lege ihn zur Ruhe und lass ihn nicht länger leiden. Sollte es aber nicht dein Wille sein, so erspare ihm bitte diese Schmerzen. Wir bitten dies alles im Namen Jesu."

Kurz nach dem Gebet ging das hohe Fieber zurück, die Schmerzen und Fieber-Halluzinationen ließen nach, und Harold fiel in einen tiefen Schlaf. Der Arzt war am nächsten Morgen erstaunt, wie schnell er sich erholt hatte. Mrs. Doss erzählte dem Arzt von ihrem Gebet, und dieser nickte voller Verständnis. „Mein Sohn", sagte er zu Harold, „Gott in seiner Gnade hat dich gerettet."

Ein Bruder war für den jungen Desmond jemand, für den man beten sollte. Als er dort auf dem Wohnzimmerstuhl stand und immer wieder das Bild betrachtete, wie Kain seinen Bruder tötete, stand eines für ihn unerschütterlich fest: Solange er lebte, wollte er dem sechsten Gebot sowie allen anderen immer gehorsam sein.

Während Desmonds Kindheit war Baseball der beliebteste Sport in Lynchburg. Mit den ersten Sonnenstrahlen des Frühlings begannen die Kinder, Bälle hin und her zu werfen und hörten erst wieder auf, als der Sommer zu Ende war. Desmond liebte dieses Spiel genauso wie alle anderen. Doch als er acht Jahre alt war, stürzte er und schnitt sich die Hand an einer zerbrochenen Flasche auf. Die Glasscherben durchtrennten mehrere Sehnen quer über die ganze Breite seiner Handfläche.

Der Hausarzt sah sich die Hand und seine baumelnden Finger an, führte einige Funktionstests durch und schüttelte betrübt den Kopf. „Du wirst diese Hand nie mehr benutzen können."

Aber Desmonds Mutter gab nicht so schnell auf. Als der Schnitt verheilt war, begann sie, seine verletzte Hand zu massieren und Bewegungsübungen mit den Fingern zu machen. Durch ihre Hilfe und Motivation konnte er seine Finger tatsächlich wieder benutzen. Die Narbe, die quer über seine Handfläche verlief, blieb jedoch empfindlich. Er konnte bei keinem Sport mehr mitmachen, für den er zwei gut funktionierende Hände brauchte.

Zunächst war der junge Desmond am Boden zerstört, aber mit der Zeit entdeckte er, dass es außer Spiel und Sport noch viele andere Beschäftigungen gab, die sich einem hoch-motivierten, lebhaften Jugendlichen boten. Anstatt ständig nur herumzuhocken und den Kopf hängen zu lassen, übernahm er Aufgaben, die weit über seine Pflichten bei der Mithilfe im Haushalt hinausgingen. Seine Mutter liebte Blumen, und er half ihr stundenlang dabei, deren von der Natur angelegte Schönheit aufblühen zu lassen. Sie hatten so viele Blumen, dass sie anfingen, sie an andere, die weniger besaßen, weiter zu verteilen. Zunächst beschenkten sie ihre Nachbarn, vor allem, wenn jemand krank war. Die Menschen freuten sich so sehr darüber, dass Desmond anfing, Blumen ins Krankenhaus und sogar ins Gefängnis zu bringen. Er entdeckte, dass es sogar noch befriedigender war, Schönheit zu teilen als dabei zu helfen, sie hervorzubringen.

Diese Besuche waren nicht immer angenehm. Einer der Patienten beispielsweise war alt, mittellos und ganz allein auf dieser Welt, ohne irgendwelche Freunde oder Verwandten. Jetzt lag er mit einer unheilbaren Krankheit im Sterben. Er konnte sich noch nicht einmal eine Krankenschwester leisten, und Desmond erklärte sich bereit, bei ihm zu bleiben. Die Schmerzen, unter denen der arme Mann litt, waren so heftig, dass Desmond sie fast selbst spüren konnte. Er hielt es nicht mehr länger aus und rannte nach draußen, um den Arzt zu finden.

„Gebt ihm doch etwas für die Schmerzen!", flehte der Junge ihn an. Der Arzt klopfte ihm auf die Schulter: „Er hat schon eine sehr starke Dosis bekommen. Mehr kann ich ihm nicht geben."

In der folgenden Nacht erlöste der Tod den Mann von weiteren Qualen. Desmond ging nach Hause, aber schlafen konnte er nicht. Er hörte immer noch das Stöhnen und die Schmerzensschreie des Leidenden. Aber er bereute es keinen Moment, am Bett des alten Mannes gewesen zu sein. Er hatte alles getan, was ihm möglich war; dieser Patient musste nicht allein und verlassen, ohne einen Freund, sterben.

Der Junge hatte gelernt, dass selbst aus einer solch unglücklichen Situation ein Gefühl der Befriedigung entstehen kann – einfach, weil man sein Bestes gegeben hat, um einem Mitmenschen zu helfen. Das allein war Belohnung genug.

Aber manchmal erwuchs aus einer solchen Situation etwas deutlich Positives. An einem Sabbat wurde der Gottesdienst für die Bekanntmachung unterbrochen, dass eine Frau, die früher Glied der Gemeinde gewesen war, ganz dringend eine Bluttransfusion brauchte. Einige Zuhörer eilten sofort zum Krankhaus, unter ihnen auch Desmond. Es war überhaupt kein Thema, dass weder die Frau noch ihr Mann diese Gemeinde besuchten. Sie waren zwar auch Adventisten, aber als sie nach Lynchburg gezogen waren, dachten sie, aufgrund eines Missverständnisses, dass sie in der Ortsgemeinde nicht willkommen seien. Ihr verletzter Stolz hatte sie dann davon abgehalten, zum Gottesdienst zu gehen.

Desmond war der einzige, dessen Blut mit der Blutgruppe der Frau kompatibel war. Der Zustand der Patientin war kritisch. Obwohl er nur ein schmächtiger, junger Teenager war, zögerte Desmond keinen Moment, sein Blut zur Verfügung zu stellen. Als er nach der Blutspende vom Operationstisch, auf dem er gelegen hatte, aufstand, musste er sich an einem Kleiderständer festhalten, sonst wäre er umgekippt.

Die Frau überlebte tatsächlich. Sie und ihr Mann luden Desmond ein, sie zu besuchen. Zuerst boten sie ihm an, ihn mit Geld zu entschädigen. Aber als er nichts annehmen wollte, fragten sie, ob es nichts anderes gäbe, was er sich wünschte. „Ihr könnt mir ein Geschenk machen.", sagte der Junge. „Kommt doch zum Gottesdienst." Sie folgten seiner Bitte, kamen und wurden zu aktiven und engagierten Gliedern der Gemeinde.

Mit diesem Hintergrund war Desmond Doss genau aus dem richtigen Holz geschnitzt, um zu einem vorbildlichen Rekruten des Sanitätsdienstes der Armee der Vereinigten Staaten zu werden. Die höheren Ränge der militärischen Führung in Washington wussten nur zu gut, dass es Männer vom Schlage eines Doss gab, und hatten extra ein offizielles Programm eingeführt, um sie für ihre Zwecke einzusetzen. Noch ein Vierteljahrhundert zuvor, im Ersten Weltkrieg, hatte man solche authentischen Kriegsdienstverweigerer, die aus echten Gewissensgründen verweigerten, misshandelt und eingesperrt. Die Männer wurden getreten, geschlagen und kopfüber in die Latrinen getaucht. Während des Krieges wurden allein 162 Mitglieder der Siebenten-Tags-Adventisten wegen ihrer religiösen Überzeugung vor das Kriegsgericht gestellt. Nach Kriegsende hatten 35 von ihnen immer noch Zwangsarbeit abzuleisten, deren Dauer zwischen 5 und 20 Jahren lag. Dank des unermüdlichen Einsatzes von Seiten der religiösen Leiter und aufgrund der in Amerika traditionellen Zusicherung der Religionsfreiheit, wurden alle diese Männer 1918 am sogenannten Tag des Waffenstillstands begnadigt und erhielten Straferlass.

Während der Zeit zwischen den zwei Weltkriegen beschäftigte man sich verstärkt mit der Frage, wie ein junger Adventist seinem Land dienen konnte – wozu er ja nach Römer 13,1 ganz spezifisch aufgefordert wird – und gleichzeitig dem 6. Gebot, welches das Töten verbietet, Folge leisten konnte. Es entstand ein sorgfältig durchdachtes Programm, in dem die Kirche und die Streitkräfte Hand in Hand arbeiteten, um es jungen Adventisten zu ermöglichen, im militärischen Sanitätsbereich eingesetzt zu werden, weil sie dort am besten hinpassten. 1934 organisierten die Adventisten ein Sanitäts-Kadettenkorps [MCC], um den jungen Männern bereits vor dem Einberufungsalter eine Grundausbildung für den militärischen Sanitätsdienst zukommen zu lassen. Etliche adventistische Colleges und Highschools in den USA, aber auch in anderen Ländern, stellten entsprechende MCC-Einheiten auf. Ziel und Schwerpunkt dieses Unterfangens war, seinem Land im Rahmen der eigenen religiösen Überzeugung dienen zu können. In Anerkennung dieses wertvollen Dienstes, der von Männern geleistet werden konnte, die bestrebt waren, ihrem Land zu dienen, ohne dass sie einem Menschen das Leben nehmen mussten, schaffte der Kongress der Vereinigten Staaten die gesetzlichen Voraussetzungen. Dem Wehrdienst-Gesetz wurde ein Passus mit der Regelung hinzugefügt, dass Wehrdienstverweigerer dem Sanitätsdienst zuzuteilen sind.

Desmond Doss kannte diese Regelungen sehr genau. Er registrierte sich zusammen mit den anderen jungen Männern aus Lynchburg für den Wehrdienst und wurde als I-A-O klassifiziert. Das „O" stand für „Wehrdienstverweigerer", was dazu führte, dass Desmond vorsichtigen Protest bei der Einberufungsbehörde einlegte.

„Ich bin kein Wehrdienstverweigerer", sagte er. „Ich bin bereit, im Militär zu dienen. Ich bin allerdings ein Nichtkombattant."

„So eine Klassifizierung gibt es nicht", wurde ihm entgegnet. „Du bist in der Klasse I-A-O, und dort wirst du auch bleiben."

Die offizielle Vorgehensweise, die die Kirche mit den Streitkräften vereinbart hatte, besagte, dass Adventisten sich nicht freiwillig melden, sondern ihre Einberufung abwarten sollten. Während dieser Wartezeit arbeitete Desmond in einer Schiffswerft, einem wichtigen Zweig der Kriegsindustrie. Außerdem hatte er an einem Erste-Hilfe-Kurs teilgenommen, um vorbereitet zu sein, sobald die Einberufung erfolgte. Als der Einberufungsbefehl kam, schlug ihm ein Funktionär der Werft vor, er könne eine Zurückstellung beantragen, mit der Begründung, dass er für die Industrie unverzichtbar sei. Desmond weigerte sich, diese Möglichkeit auch nur in Erwägung zu ziehen.

„Ich bin hier nicht unverzichtbar, und Sie wissen das", erwiderte er.

Viele von Desmonds Freunden schrieben sich zum Militärdienst ein. Einige wurden der Klasse 4-F zugeordnet, was bedeutete, dass sie für untauglich erklärt wurden. Es gab den ein oder anderen, der sich daraufhin, aus Enttäuschung und Scham, dem eigenen Land nicht dienen zu können, das Leben nahm. Desmond war zutiefst betroffen. Trotz der Einwände seines Vaters und der flehentlichen Bitten seiner Mutter wollte Desmond unbedingt seine patriotische Pflicht am Vaterland ableisten. So ließ er sich einschreiben und trat am 1. April 1942 im Camp Lee, Virginia, seinen Dienst an. Anstatt jedoch zur Grundausbildung in der Sanitätsabteilung eingeteilt zu werden, stellte er fest, dass er der gerade wieder reaktivierten 77. Division in Fort Jackson, South Carolina, zugeteilt worden war. Die Männer sollten als Truppeneinheit ausgebildet werden. Das allgemeine Wirrwarr der ersten Tage führte dazu, dass Desmond Doss – dessen Einberufungs-Klassifizierung I-A-O ihn als Wehrdienstverweigerer auswies – in einer Schützenkompanie festsaß.

In der Armee gibt es einen Spruch, den jeder zu hören bekommt, der sich beschwert: „Wende dich an den Militärseelsorger." Und genau das tat Doss. Der Militärseelsorger, Hauptmann Carl Stanley, reagierte sehr warmherzig und hörte sich seine Geschichte an. Hauptmann Stanley hatte einen guten

Freund, der bei der Gemeinde der Siebenten-Tags-Adventisten als Pastor angestellt war. Dadurch kannte er die Gewohnheiten und Glaubensüberzeugungen dieser vergleichsweise kleinen, aber extrem aktiven protestantischen Denomination. Er wusste, dass dieser Soldat ein Wehrdienstverweigerer aus Glaubensgründen war und auch, dass er laut Gesetz Anspruch darauf hatte, der Sanitätsabteilung zugeteilt zu werden. Hauptmann Stanley legte den Fall dem Divisionskommando vor, woraufhin Desmond dorthin verlegt wurde, wo er hingehörte, nämlich zu den Sanitätern. Dort trat er nun seine Ausbildung zum Militär-Sanitäter an.

Militärmedizin ist in gewisser Weise eine weiterentwickelte Erste Hilfe, die besonders auf die Anforderungen auf dem Schlachtfeld zugeschnitten ist.

Desmond lernte das Zubehör seiner Erste-Hilfe-Ausrüstung kennen, die in zwei großen Leinentaschen verpackt war, sowie die spezifische Verwendung der einzelnen Teile. Für offene Wunden gab es Verbandmaterial in verschiedenen Größen, das speziell für Kriegsverletzungen geeignet war. Es gab Päckchen mit antibiotisch wirksamen Sulfanilamid-Pulver, das auf die offenen Wunden gestreut wurde, bevor man den Verband anlegte. Es gab Fertigspritzen mit Morphium zur Schmerzlinderung. Desmond lernte nicht nur, wie man eine Morphiumspritze verabreichte, sondern auch – was genauso wichtig war – in welchen Fällen er das Schmerzmittel geben durfte und wann nicht. Bei manchen Verletzungen kann der Einsatz von Morphium tödliche Auswirkungen haben.

Gemeinsam mit den anderen Rekruten aus dem Sanitätsbereich lernte er, wie man zum Schienen von gebrochenen Gliedmaßen die unterschiedlichsten verfügbaren Materialien einsetzen konnte, wie Äste von Jungbäumen oder Gewehrkolben. Er lernte, wie man auf dem Schlachtfeld Blutplasma verabreicht, was man bei einem Kreislauf-Schock tun muss, wann man Wasser zum Trinken anbietet und wann dies schädlich ist. Es war, als wäre er wieder in der Schule. Desmond musste an die kleine Schule mit den braunen Dachschindeln in Lynchburg denken, die von der adventistischen Gemeinde betrieben wurde. Für acht Klassen hatte es nur einen Lehrer gegeben, wobei jede Klasse nur aus wenigen Kindern bestand. Der Lehrer hatte abwechselnd mit den verschiedenen Klassen gearbeitet.

Nach der achten Klasse war Desmond gezwungen gewesen, die Schule abzubrechen. Die Depression, die in den Dreißigerjahren das Land erfasste, machte es für seinen Vater immer schwieriger, Aufträge zu bekommen. So musste Desmond einspringen und mit für seine Familie sorgen. Er fand Arbeit in einem Holzlager, wo er für zehn Cent die Stunde anstrengende Schwerstarbeit verrichten musste, 50 Stunden die Woche. Von seinen fünf Dollar Lohn gab er 50 Cent als Zehnten an die Gemeinde, 3 Dollar an seine Mutter, und 50 Cent kostete das Fahrgeld. Dann blieb ihm noch ein Dollar, von dem er seine Kleidung und alles, was er brauchte, kaufen musste.

Obwohl er die reguläre Schule nicht mehr besuchte, ging er noch immer in die „Sabbatschule". An der Wand des Sabbatschulraums hing ein großes Bild, das den See Genezareth zeigte. Jeder der Schüler durfte einen kleinen Sticker in Form eines Bootes aufkleben, wenn er folgende Bedingungen erfüllte: Er musste pünktlich kommen und während der Stunde anwesend sein, die Lektion gelernt haben und den Merkvers auswendig können. Als zusätzlichen Ansporn bekam man eine Bibel geschenkt, wenn man alle Merkverse der letzten drei Monate aufsagen konnte. Für jeden, der ein Quartal lang nicht gefehlt hatte, gab es zur Belohnung ein Lesezeichen. Als Kind hatte Desmond einmal eine Stunde verpasst. Dadurch wurde seine Anwesenheitsliste für das gesamte Quartal ungültig. Von da an verpasste er keine Stunde mehr und kam zudem immer mit einer gut vorbereiteten Lektion.

Einmal hatte seine Familie Verwandte besucht, die weiter weg wohnten, und kam erst spät nach Hause. Der folgende Tag war ein Sabbat und Desmond hatte bisher noch keine Gelegenheit gehabt, seine Lektion vorzubereiten. Obwohl er im Halbschlaf und so müde war, dass er kaum noch die Buchstaben unterscheiden konnte, blieb er doch wach und bearbeitete die Aufgaben vollständig. Am nächsten Morgen quälte er sich aus dem Bett und schleppte sich zur Sabbatschule. Er hatte über die vergangenen Monate schon zu viele Stunden darin investiert, seine Sabbatschule vorzubereiten, und hatte ohne Fehlstunden zu viele Sabbatschullektionen besucht, als dass er es sich leisten konnte, durch dieses eine Versäumnis all seine Privilegien und Belohnungen für eine perfekte Anwesenheit einzubüßen. Er wollte seine Investition an Zeit und Kraft nicht aufs Spiel setzen.

All diese Erfahrungen trugen dazu bei, dass die gewissenhafte Pflichterfüllung ein natürlicher Bestandteil des Lebens von Desmond Doss wurde. Manchmal kam es in Fort Jackson vor, dass einige der Männer, nachdem sie schon ein den Vormittag füllendes, kräftezehrendes Training und eine schwere

Mittagsmahlzeit hinter sich hatten, an heißen Tagen im Nachmittagsunterricht einnickten, während sich der Ausbilder langatmig über Themen wie Methoden der Wasserreinigung und Mücken als Krankheitsträger ausließ. So etwas passierte Desmond nie. Er war gedanklich anwesend, blieb wach und hörte zu. Diese Haltung war einfach Teil seines Lebensstils und seiner Lebenseinstellung.

Müsste man nicht annehmen, dass ein solch ernsthafter und aufmerksamer Soldat aus dem Sanitätsdienst sich den Respekt und die Bewunderung seiner Offiziere, oder zumindest seiner Mitsoldaten verdient hätte? Stattdessen war er in den Augen seiner Offiziere ein Spinner und Unruhestifter, der ihnen Kopfschmerzen bereitete – und das bis in die höchsten Ränge des Regiments.

Warum waren sie ihm gegenüber so negativ eingestellt, obwohl er sich alle Mühe gab, ein Vorzeigesoldat zu sein? Wo immer es sein Glaube zuließ, bemühte er sich doch, entsprechend seinem Gewissen ein „gewissenhafter Mitarbeiter" zu sein, und nicht ein „Verweigerer" aufgrund seines Gewissens?

Es wurden mehrere Angriffe auf ihn verübt. Gegenüber Kriegsdienstverweigerern gab es allgemein ausgeprägte Vorurteile, und obwohl Desmond es ungern zugab, konnte er erkennen, woher diese Voreingenommenheit kam. Es gab in seiner Division noch drei weitere „Verweigerer", und er konnte mit keinem von ihnen etwas anfangen. Sein Bestreben war es, seinem Land zu dienen, soweit er das als Nichtkombattant tun konnte, aber diese drei Jungs verweigerten jegliche Teilnahme am militärischen Leben – Punkt. Ihr einziges Engagement bestand darin, der Arbeit aus dem Weg zu gehen. Einer von ihnen, dessen Zähne vom vielen Kautabak schon ganz schwarz waren, war schlichtweg widerwärtig. Als sie eines Tages nicht mehr Teil der Division waren, atmeten alle auf. Aber bis zu diesem Zeitpunkt musste Desmond mit leiden, einfach weil man ihn als Kriegsdienstverweigerer mit ihnen in den gleichen Topf warf.

„Ihr Typen seid doch alle gleich", beschuldigte ihn einer seiner Feldwebel. „Ihr schwingt große Töne über religiöse Freiheit, aber wenn euer Land euch braucht, um genau diese Freiheit zu verteidigen, verdrückt ihr euch."

„Da liegen Sie falsch, Herr Feldwebel", sagte Desmond in ernstem Tonfall. „In meiner Kirche wird uns beigebracht, dass wir der staatlichen Obrigkeit gehorchen sollen, genauso, wie es in der Bibel steht. Sie werden nie erleben, dass ich die Flagge nicht grüße oder mich vor einem Einsatzkommando drücke.

Ich liebe dieses Land genauso sehr, wie Sie das tun."

Manchmal, wenn die Infanterie zum Schießstand ausrückte, um den Tag über ihre Treffsicherheit zu trainieren, ging Desmond mit, obwohl er natürlich nicht an den Schießübungen teilnahm. Die Schützen schwitzten und arbeiteten hart, während sie Runde um Runde ihre Schüsse abfeuerten, bis ihnen die Ohren dröhnten und die Schultern wehtaten. Umso mehr nahmen sie es ihrem Sanitäter übel, dass er herumstand und nichts tat.

Der größte Grund für Desmonds Unbeliebtheit war jedoch, dass er darauf pochte, das vierte Gebot halten zu können.

„Gedenke des Sabbattages, dass du ihn heilig hältst", hatte Gott vor rund 3.500 Jahren zu Mose gesagt und Desmond, wie wir bereits gesehen haben, befolgte das Wort Gottes genauso, wie er es verstand. Diese Worte galten für die Menschheit im Allgemeinen, aber auch für ihn ganz individuell. Niemand – nicht der Kommandant des Bataillons, des Regiments, der Division, ja noch nicht einmal der Präsident der Vereinigten Staaten – konnte Desmond Doss dazu bringen, ein Gebot zu übertreten, das von Gott selbst stammte. Die einzige Ausnahme, die es beim Halten dieses Gebots gab, hatte Jesus, der Sohn Gottes, verdeutlicht. In seiner Bibel hatte Desmond gelesen, dass Christus die Kranken auch am Sabbat heilte. Ebenso war auch Desmond ohne Abstriche bereit, am Sabbat den Kranken zu helfen beziehungsweise einem Verwundeten in einer Schlacht.

Aber dort in South Carolina, tausende Meilen von der Front entfernt, wurden Kranke ins Krankenhaus gebracht, und Verwundete gab es nicht. Für Desmond gab es keinerlei Anlass, warum er das Sabbatgebot übertreten sollte.

Was das Leben dort in der 77. Division jedoch für ihn besonders schwer machte, war die Tatsache, dass Desmond als Siebenten-Tags-Adventist nicht den Sonntag, den ersten Tag der Woche, hielt, sondern den Samstag, den siebenten Tag. „Sechs Tage sollst du arbeiten und alle deine Werke tun, aber am siebten Tag ist der Sabbat des Herrn, deines Gottes. Da sollst du kein Werk tun." So weit wie seine Erinnerung zurückreichte, hatte Desmond diese Verse schon auswendig gekonnt.

Natürlich betrachtete man in der 77. Division, wie auch überall in den Streitkräften, den Sonntag als den Tag der Ruhe und den Tag, an dem man Gottesdienst feierte. Praktisch alle Tätigkeiten dort in Fort Jackson wurden Samstagnachmittag unterbrochen und erst am Montagmorgen weitergeführt.

Es gab auf dem Gelände eine Kapelle sowohl mit katholischen wie protestantischen Gottesdiensten. Jede größere Truppeneinheit hatte einen Militärgeistlichen, der vor Ort den Gottesdienst abhalten konnte. Manöver wurden normalerweise so geplant, dass sie vor Sonntag abgeschlossen waren. Falls sie aber doch über das Wochenende andauerten, wurde dafür gesorgt, dass ein Gottesdienst auf dem Manöverfeld abgehalten wurde.

In einer Armee, die den ersten Tag hielt, während er den siebten Tag hielt, fühlte sich Desmond gleich in doppelter Hinsicht als jemand, der aus der Reihe tanzte. Zunächst verbot es ihm sein Glaube, von Sonnenuntergang am Freitag bis Sonnenuntergang am Samstag zu arbeiten. Das heißt, er musste von jeglichem Unternehmen, das in diesem Zeitraum stattfand, offiziell entschuldigt werden – und das jede Woche. Dazu kam, dass am Samstag natürlich kein christlicher Gottesdienst auf dem Gelände abgehalten wurde, sodass er regelmäßig für eine Ausgeherlaubnis sorgen musste, um in der Stadt die Gottesdienste besuchen zu können. Es gab normalerweise am Freitagabend eine Zusammenkunft für Jugendliche und den regulären Gottesdienst am Samstagmorgen.

Es wurde sehr schnell offensichtlich, dass in der Auseinandersetzung bezüglich der Sabbatfrage einer nachgeben musste: Entweder die Armee der Vereinigten Staaten oder der Gefreite Desmond T. Doss. Und es würde nicht Desmond sein. Der erste lautstarke Streit wegen dieser Angelegenheit fand gleich an seinem zweiten Tag in der Armee statt. Er war an einem Freitag eingezogen worden. Am Samstagmorgen ordnete der Feldwebel an, dass jeder sich an dem Schrubben des Kasernenbodens beteiligte, damit zur Samstagsinspektion alles gut aussah. Desmond weigerte sich, daran teilzunehmen. Er war mit der Einstellung in die Armee eingetreten, auch am Sabbat bereitwillig die Pflichten zu tun, die, wie er glaubte, auch Christus getan hätte. Aber den Boden zu schrubben war seiner Meinung nach keine unerlässliche Pflicht. Den konnte man an jedem Tag der Woche schrubben. Ganz sicher würde er nicht am nächsten Tag, dem Sonntag, geschrubbt werden.

Der Feldwebel rief den Oberleutnant, aber auch der kam mit dem unbeugsamen Sabbathalter nicht weiter und befahl ihm verärgert, vor die Kaserne zu gehen. Doss ging nach draußen, aber ein Major kam vorbei und beorderte ihn wieder nach drinnen. Seinen ersten Sabbat verbrachte er zusammengekauert in einer Ecke der Kaserne, während sich die anderen arbeitenden Männer hässliche Bemerkungen ausdachten und ihn kostenlos mit ihren Gemeinheiten eindeckten.

Es war dasselbe Spiel, das er schon in der 77. Division hatte mitmachen müssen. An seinem ersten Freitag hatte er den Militärgeistlichen gefragt, ob er eine Ausgeherlaubnis bekommen könne, um nach Columbia zum Gottesdienst zu fahren. Der Militärgeistliche, Hauptmann Stanley, wies ihn darauf hin, dass die Vorschriften es nicht zuließen, dass irgendjemand während seiner ersten zwei Wochen im Feldlager eine Ausgeherlaubnis erhielt.

„Ich glaube daran, dass Gott mir einen Weg eröffnen wird, sodass ich zum Gottesdienst gehen kann", erwiderte der Gefreite Doss dem Militärgeistlichen.

Hauptmann Stanley seufzte. Er kannte diese Siebenten-Tags-Adventisten. „Ich sehe zu, was ich beim Divisionskommando erreichen kann", entgegnete er. Noch am selben Nachmittag erhielt er die Ausgeherlaubnis.

Eine Woche später wurde Doss von der Schützenkompanie in das Sanitäts-Bataillon versetzt. Dort meldete er dem befehlshabenden Offizier des Bataillons, Major Fred Steinman[2], dass er eine Ausgeherlaubnis brauchte, um am Samstag zum Gottesdienst gehen zu können. Was den Major in erster Linie interessierte, war die Ausbildung seines Bataillons. Er gab Desmond die Erlaubnis, aber als dieser Woche für Woche erneut auftauchte, platzte ihm der Kragen. „Das ist das letzte Mal", warnte er ihn eines Freitags. „Du brauchst nicht noch mal deswegen anzukommen."

Desmond wusste, dass der Major meinte, was er sagte. Er bat die anderen Anwesenden in der Gemeinde am nächsten Tag, für ihn zu beten. Am folgenden Freitag bat er um eine weitere Ausgeherlaubnis. Der Major explodierte und warf ihn raus. Wieder ging Desmond zu Hauptmann Stanley. Der Militärgeistliche brachte die Angelegenheit vor das Divisionskommando, und es wurde beschlossen, dass der adventistische Soldat seine Samstage grundsätzlich frei bekam, so wie die anderen am Sonntag frei hatten. Desmond hatte gewonnen, nur dass es in der Armee nicht klug ist, wenn ein Gefreiter einen Major besiegt.

Realistisch gesehen hatte Desmond keinerlei Vorteile gegenüber den anderen. Als Austausch dafür, dass er samstags frei hatte, verpflichtete er sich zu

---

2   Ein Pseudonym

Sonderdiensten, die er am Sonntag verrichtete, und zwar den gesamten Tag über. Keiner der anderen Männer war natürlich am Sonntag anwesend, sodass er ihn hätte arbeiten sehen können, und so nahmen sie ihm weiterhin seine Samstagsfreiheit sehr übel. „Du bekommst mehr Ausgeherlaubnisse als der General", beschwerten sie sich.

Besonders erbost reagierten die Männer aus der Infanterie. Neben all den Unterschieden zwischen ihnen und Doss – in der Art, wie er redete und wie er sich benahm, und der Tatsache, dass er am Schießstand einfach nur herumstand – kam jetzt noch dieses besondere Privileg ins Spiel. Das Gerede über diesen seltsamen Soldaten verbreitete sich im gesamten Regiment. Eines Tages lief Doss Karger über den Weg, diesem harten, zynischen älteren Mann aus der Kompanie D, dessen größtes Vergnügen es gewesen war, Doss zu schikanieren.

„Du denkst, du bist so heilig, Doss", hielt ihm Karger entgegen, nicht ohne einige Kraftausdrücke hinzuzufügen. „Aber – sobald wir einen Kampfeinsatz haben, werde ich dich wie einen Hund niederschießen."

Es ist nicht leicht mit Männern zusammenzuleben, die dich hassen. Vor allem nicht, wenn deine Aufgabe aus nichts anderem besteht, als darin ausgebildet zu werden, wie du genau diese Männer in einer Notsituation versorgen kannst. Diese Zeitperiode war für den Gefreiten Doss eine Erfahrung voller Frustration und Einsamkeit.

In einer Situation wie dieser wendet sich ein Mann nicht an seine Mutter, auch nicht an seinen Pastor oder den Militärgeistlichen. Seine Probleme teilt er mit seinem Mädchen.

Desmonds Freundin war ein hübsches, blondes Mädchen mit großer Ernsthaftigkeit, die genau wie er eine gläubige Siebenten-Tags-Adventistin war. Ihr Name war Dorothy Schutte, und sie kam aus Richmond, Virginia. Sie war eines von sieben Kindern eines kriegsversehrten Veteranen aus dem Ersten Weltkrieg, und die Familie hatte Mühe, von seiner geringen Rente zu überleben. Dorothy hatte beschlossen, etwas aus ihrem Leben zu machen. Ihr war klar, dass sie als erstes eine Ausbildung brauchte und dazu brauchte sie Geld. Als sie noch zur Schule ging, arbeitete sie nebenbei als Buchevangelistin und verkaufte adventistische Literatur. Desmond hatte sie das erste Mal getroffen, als sie in Lynchburg arbeitete. Die Gastfreundlichkeit von ihm und seiner Familie überstieg den Standard der Südstaaten und war selbst für

Adventisten überragend, und eines Sabbatnachmittags nahmen sie sie mit zu einem Ausflug.

In diesem Herbst besuchte Dorothy das Washington Missionary College in Washington, D.C. Um sich ihren Lebensunterhalt zu verdienen, arbeitete sie bei einer Familie aus Washington als Dienstbotin. Ihre Arbeit erlaubte es ihr nicht, den vollen Stundenplan ihres Studiums zu bewältigen, aber sie beschwerte sich nicht. Sie war auf dem richtigen Weg.

Adventisten bilden eine enge Gemeinschaft, so eine Art große Familie. Deshalb war es ganz selbstverständlich, dass Desmond auch weiterhin ab und an von dieser zielstrebigen jungen Frau, die unbedingt eine Ausbildung erhalten wollte, hörte. Sie war die Art von Mädchen, das er gern besser kennenlernen wollte.

Desmond hatte noch nie eine Freundin gehabt. Er war in einer Gruppe zusammen mit anderen jungen Adventisten ausgegangen, aber er war nie an einem bestimmten Mädchen interessiert gewesen. Er hatte sich entschlossen, seine Liebe und Zuneigung für das Mädchen aufzusparen, das er heiraten würde. Er war 22 Jahre alt, als er zum ersten Mal allen Mut zusammennahm und um sein erstes Date bat. Vor seiner Einberufung hatte er für einen Dollar die Stunde auf einer Schiffswerft in Newport News, Virginia, gearbeitet. Er besaß einen Gebrauchtwagen. Er war reich. An einem Samstagmorgen fuhr er 200 Meilen bis nach Washington in der Hoffnung, dort Dorothy Schutte zu treffen.

Als er ankam, gingen gerade die ersten Leute zum Gottesdienst in die Columbia Hall, die Kapelle der Hochschule. Er schaute sich nach ihr um, konnte sie aber nicht finden. Schlussendlich begann der Gottesdienst und er betrat den Saal und setzte sich auf irgendeinen Sitzplatz. Da sah er plötzlich, dass Dorothy direkt vor ihm saß! Er beugte sich vor und flüsterte „Hallo". Aber sie bedeutete ihm nur, still zu sein, ohne sich auch nur umzudrehen. Er war 200 Meilen gefahren, um ein „Psst!" zu hören.

Nach dem Gottesdienst fanden sich die Leute draußen in Gruppen zusammen, um miteinander zu reden. Dorothy sprach mit einem jungen verheirateten Ehepaar, das sie kannte. Desmond stellte sich gerade in dem Augenblick dazu, als sie Dorothy zum Mittagessen einluden.

„Sie isst heute mit mir zu Mittag!", platzte Desmond dazwischen.

Dorothy warf ihm einen kurzen Blick zu, widersprach ihm jedoch nicht.

Sie aßen nicht nur gemeinsam zu Mittag, sondern ebenso zu Abend, und verbrachten auch den ganzen Nachmittag zusammen.

Viele Leute kannten Desmond als einen der jungen Männer, die in der Gemeinde leitende Funktionen als Laien hatten. Er und Dorothy hatten etliche gemeinsame Interessen, ebenso eine große Menge an gemeinsamen Freunden, und es gab genügend Stoff für ihre Unterhaltung. Ursprünglich hatte er geplant, noch am selben Tag zurück nach Newport News zu fahren, aber diesen Gedanken schlug er sich schnell wieder aus dem Kopf. Endlich hatte er sie gefunden. Er blieb über Nacht in der Stadt und verbrachte auch den Sonntag mit ihr, bis es Zeit wurde, dass sie ihre Schulstunden vorbereitete. Ausnahmsweise einmal zeigte Desmond keine Begeisterung für Pflichtbewusstsein. Aber Dorothy versicherte ihm, sie würde sich freuen, ihn wiederzusehen. Auf dem gesamten Rückweg nach Newport News sang Desmond vor sich hin.

Von da an fuhr Desmond jedes zweite Wochenende nach Washington. Einige Male später gingen er und Dorothy gemeinsam mit einem anderen adventistischen Paar aus. Desmond und Dorothy saßen auf dem Rücksitz, und während sie durch den Rock Creek Park fuhren, küsste er sie. Sie war so außer sich, dass er Glück hatte, dass sie ihm nicht den Kopf abschlug. Ihr Gesicht war puterrot. Noch nie zuvor hatte sie jemand geküsst. Genauso wie Desmond auch, wollte sie ihre Liebe und Zuneigung für die Person aufsparen, die sie einmal heiraten würde.

Desmond sah ihren Gesichtsausdruck. „Ich liebe dich", sagte er schnell. Es war das erste Mal in seinem Leben, dass er diese Worte aussprach. Jetzt war der Kuss plötzlich okay, denn Dorothy gab zu, dass auch sie ihn liebte.

Er konnte ihr allerdings zu diesem Zeitpunkt keinen Heiratsantrag machen. Sie hatten sich über Kriegshochzeiten unterhalten, und beide lehnten die Vorstellung ab, in Kriegszeiten zu heiraten. Desmond wusste, dass sein Einberufungsbescheid jeden Tag kommen konnte. Als die Mitteilung von der Einberufungsbehörde kam, fuhr er ein letztes Mal nach Washington, um sie zu sehen.

„Wirst du auf mich warten?", fragte er.

„Ja, das werde ich", sagte sie. Das waren die wundervollsten Worte, die er je gehört hatte.

Während dieses letzten Dates, das sie mit ihm als Zivilist haben würde, sprachen sie darüber, wie sie ihr Leben nach dem Krieg führen würden. Es war erstaunlich, wie sehr sich ihre Träume ähnelten. Keiner von beiden wollte ein großes Haus oder viele Reichtümer. Sie würden beide mit einem sehr bescheidenen Zuhause zufrieden sein, Hauptsache, es war ein christliches Heim. Sie beschlossen, jeden Morgen und jeden Abend Familienandacht halten zu wollen. Sie wollten beide viele Kinder haben, mit denen sie ihre Liebe und den christlichen Glauben teilen konnten.

Unter Tränen, aber tapfer, verabschiedeten sie sich voneinander. Beide waren sich sicher, dass dies der richtige Weg war.

Während die Wochen in Fort Jackson immer einsamer und Desmonds Situation immer trübsinniger wurde, wurden ihm die Briefe von Dorothy umso wichtiger. Sie waren eine große Motivation für ihn, sich nicht unterkriegen zu lassen. In seinem Dasein ganz ohne Freunde war ihre Liebe zu ihm sein einziger Trost. Er lud sie ein, für ein Wochenende nach Columbia zu kommen. Sie kam und schlief bei einer befreundeten adventistischen Familie, die er aus der Gemeinde kannte. Sie verbrachten einen wunderschönen, glücklichen Sabbat zusammen. Diesmal fiel der Abschied nicht so leicht.

An dem verlängerten Wochenende um den 4. Juli, dem amerikanischen Unabhängigkeitstag, nahm Desmond die lange Busfahrt nach Richmond in Kauf, um sie zu überraschen. Bei seiner Ankunft erfuhr er, dass auch sie ihn überraschen wollte und nach Columbia gefahren war. Es hätte sein können, dass sie nun tagelang aneinander vorbeifahren würden, also blieb Desmond an Ort und Stelle. Inzwischen hatte auch Dorothy erfahren, dass Desmond in Richmond war, und machte sich sofort mit dem nächsten Zug auf den Rückweg. So hatten sie immer noch zwei Tage, die sie zusammen verbringen konnten.

Nach und nach wurde Desmond und Dorothy klar, dass sie nicht warten wollten, bis der Krieg zu Ende war. Sie redeten beide mit ihren Pastoren über die problematische Situation, und diese gaben ihnen den Ratschlag, das zu tun, was in ihren Augen das Beste war. Auf diese Antwort hatten sie gehofft. Für sie war das Beste, zusammen zu sein, jede denkbare Minute, und zwar als Mann und Frau. So fingen Dorothy und ihre Mutter an, die entsprechenden Vorbereitungen für eine Hochzeit in ihrer Kirche zu treffen.

Aber Desmonds vorgesetzte Offiziere hatten keinerlei Absicht, diesen Siebenten-Tags-Unruhestifter einfach so weggehen zu lassen, damit er heiraten könne. Von keiner Seite bekam er eine definitive Antwort auf seinen Antrag auf Heimaturlaub. In seiner Verzweiflung wandte sich Desmond über den Kopf des Bataillonskommandanten hinweg an den Regiments-Adjutanten. Als er gerade auf ihn wartete, trat der Regiments-Kommandant ein, Oberst William H. Craig. Man konnte seinen Rang an den glitzernden silbernen Adlern erkennen. Noch nie war Desmond einem Offizier von so hohem Rang begegnet und auch keinem, der so respekteinflößend war.

„Gibt es etwas, das ich für Sie tun kann, Soldat?", fragte der Oberst.

„Wenn es jemanden gibt, der das kann, dann sind Sie es", erwiderte Desmond und fügte noch schnell hinzu: „Sir! Ich möchte heiraten!"

Der Oberst hörte sich Desmonds Geschichte an und entschied offensichtlich, dass er es mit einem aufrichtigen jungen Mann zu tun hatte. Er griff nach dem Telefonhörer und rief das Sanitäts-Bataillon an.

„Warum kann dieser Mann nicht heiraten?", sagte der Oberst im Befehlston. „Wenn sich ein Mann entscheidet zu heiraten, dann lässt man ihn das auch tun!"

Desmond erhielt seinen Heimaturlaub. Die Trauung von ihm und Dorothy fand ohne viel Aufsehen in Dorothys Heimatgemeinde statt. Danach begleitete sie ihn nach Fort Jackson. Allein die Tatsache, dass sie in seiner Nähe war, machte das Leben im Militär für ihn gleich viel erträglicher.

KAPITEL 2

„...KEINE PRÜFUNG, DIE EURE KRAFT ÜBERSTEIGT..."

Eines Dienstagmorgens im Spätsommer ertönte der Weckruf besonders eindringlich und lautstark. „Kommt schon", brüllten die Feldwebel, „raus aus der Kiste. Heute ist es soweit!"

„Sie müssen es uns nicht noch so unter die Nase reiben, Feldwebel", stöhnte einer der Männer aus Kompanie B.

Seit Tagen wussten sie, was ihnen da bevorstand, und jetzt war es soweit. Die Kompanie zog zum ersten langen Marsch aus. Gleich nachdem sie abgefüttert waren, sollte es losgehen. 40 Kilometer mit komplettem Marschgepäck und Gewehr waren zurückzulegen. Als Dauer waren für den Marsch acht Stunden vorgegeben, im Durchschnitt mussten sie also pro Stunde mehr als fünf Kilometer schaffen. An diesem Tag würde sich zeigen, wer die echten Männer und wer die Bubis waren.

„Hey, hier ist der Prediger", rief einer der Schützen, als Doss seinen Platz im 2. Zug einnahm. „Wie kommt´s, dass du nicht auch für heute eine Ausgeherlaubnis für die Kirche bekommen hast?"

„Ach, worüber sollte er sich Sorgen machen müssen?", knurrte ein anderer. „Kein Gewehr zu tragen, keine Munition. Das ist doch ein Kinderspiel."

Der schweigsame Sanitäter grinste, verzichtete aber auf eine Antwort. Die zwei leinenen Erste-Hilfe-Taschen, die er tragen musste, waren fast so schwer und doppelt so umständlich wie ein Gewehr. Aber er hatte das Gefühl, dass er die Ausrüstung heute noch brauchen würde.

Hier ging es um mehr als nur eine Prüfung seiner körperlichen Leistungsfähigkeit. Es war sein erstes Unternehmen zusammen mit den Männern, mit denen er auch ins Gefecht ziehen würde. Er war jetzt offiziell der Kompanie als Rettungssanitäter zugeordnet worden und damit einer der drei Sanitäter, die jede Infanterie-Kompanie zugeteilt bekam.

Verwaltungstechnisch war er der Leitung des Sanitäts-Bataillons des 307. Regiments unterstellt. Aber die Männer, mit denen er in den Kampf ziehen würde, waren die Schützen, die einfachen Soldaten der Infanterie. Es waren die „Fußlatscher" des zweiten Zuges, Kompanie B, erstes Bataillon der 307. Infanterie – 38 Männer plus ein Offizier. Sie waren seine Schützlinge, die seiner medizinischen Obhut unterlagen. Von ihm wurde erwartet, dass er ihnen zu Hilfe kommen würde, wenn sie ihn brauchten, auch wenn es ihn seinen eigenen Kopf kostete. Eigentlich sollten er und diese Männer aus dem 2. Zug eine enge Beziehung miteinander pflegen, aber in diesen ersten Tagen war genau das Gegenteil der Fall gewesen.

Wie die Männer aus der 1. Kompanie, der er zugeteilt gewesen war, kamen auch die aus Kompanie B fast alle aus den Nordstaaten, hauptsächlich aus New York. Sie waren älter und abgehärteter, und ihre Obszönität und Gotteslästerlichkeit war zu ihrer zweiten Natur geworden. Noch nie war ihnen jemand begegnet, der so war wie dieser junge Südstaatler mit der sanften Stimme und seiner stets präsenten Bibel. Sie nannten ihn „den Prediger". Sie hänselten ihn, weil er verheiratet war, und ließen es sich nicht nehmen, Dorothys Namen bei ihren derben Sprüchen über Sex in den Schmutz zu ziehen. Das verletzte Desmond zutiefst. Er liebte Dorothy und wusste, dass sie eine gläubige Christin mit sehr hohen Wertvorstellungen war. Ihre Ehe stand unter dem Segen Gottes.

Die zwei Offiziere in Kompanie B, mit denen Doss zu tun hatte, waren Hauptmann Frank L. Vernon, der Kompaniekommandant, und Leutnant Cecil L. Gornto, der Führer des 2. Zuges. Hauptmann Vernon war ein anständiger und ehrlicher Mann aus South Carolina, der bei jeder Aufgabe sein Bestes gab und dasselbe auch von seinen Männern erwartete. Er hatte keine Zeit für so ein fünftes Rad am Wagen wie einen Kompanie-Sanitäter. Leutnant Gornto, ein redegewandter Offizier aus Florida, war zu sehr damit beschäftigt, seinen Zug dahin zu bringen, dass er den hohen Maßstäben des befehlshabenden Offiziers, Hauptmann Vernon, entsprach, als dass er Zeit hatte, sich irgendwelche Sorgen um einen Sanitäter zu machen.

„Stillgestanden!", befahl der erste Feldwebel der Kompanie und übergab dann an Hauptmann Vernon. „Also gut, Männer", sagte der Hauptmann in seinem positiven und entschlossenen Tonfall, „wir alle haben wochenlang hierfür trainiert. Ich erwarte von jedem Einzelnen, dass er alles gibt und am Ende dieses Geländemarsches noch auf seinen Füßen steht. Zugführer, übernehmt das Kommando über eure Züge!"

Leutnant Gornto stand an der Spitze des 2. Zuges bereit, riss seine Hand hoch an den Helm und salutierte zackig. Hauptmann Vernon gab die Befehle aus, die Zugführer wiederholten sie, und die Kompanie B schwenkte im Gleichschritt aus dem Kompaniegelände, während alle im Chor in voller Lautstärke mitzählten.

Jetzt im Sommer schien die Sonne selbst am frühen Morgen schon sehr heiß am Himmel von South Carolina. Die Luftfeuchtigkeit war hoch, und als die Kompanie den ersten der felsigen Sandhügel überquert hatte, waren ihre grünen Baumwolluniformen bereits mit Schweißflecken übersät. Die Hitze des Tages hatten sie noch gar nicht erreicht, und es lagen immerhin noch knapp 39 Kilometer vor ihnen.

Als es Mittag wurde, brannte die Sonne wie ein riesiger Bratrost glühend heiß vom Himmel herab. Einige der Männer hatten schon ihre ganze Feldflasche leergetrunken und somit kein Wasser mehr. Sie torkelten umher wie Zombies, die Gesichter rot und schweißnass, die Augen eingefallen. Plötzlich sackte einer der Männer auf seine Knie und brach zusammen. Doss eilte zu ihm. Es war einer der älteren Kameraden, in den späten Dreißigern. Seine Haut war mit kaltem Schweiß bedeckt, sein Puls kaum noch tastbar – ein klarer Fall von Hitzschlag. Doss machte es ihm so angenehm wie nur möglich und übergab ihn dann an den Rettungswagen, der hinter ihnen fuhr. Daraufhin musste er ordentlich rennen, um die Kompanie, die schon weitergelaufen war, wieder einzuholen.

Hauptmann Vernon, der sich zu Beginn noch frisch und robust gegeben hatte, war nun außer sich vor Wut über den Soldaten, weil dieser vorzeitig ausgeschieden war, und ebenso über Doss, weil er es nicht geschafft hatte, ihn irgendwie wieder auf die Beine zu kriegen.

Um zwölf Uhr machten sie eine Mittagspause – es gab die standardisierte Marschverpflegung. Desmond hatte gerade mal einen Bissen hinuntergewürgt, als ein Soldat, der unter einem kleinen Baum zusammengesackt war, rief. Der Mann hatte seinen Schuh ausgezogen und begutachtete eine riesige Blase an seiner Ferse.

„Kannst du da irgendwas machen?", fragte er.

„Ich werde es auf jeden Fall versuchen", antwortete Desmond. Er stach die Blase mit einer sterilen Nadel auf, bestrich sie mit einem Desinfektionsmittel und legte einen engen Mullverband über die Wunde. Er war noch mitten in der Versorgung, da rief ihn ein anderer Mann. Und noch einer und noch einer, alle mit demselben Leiden. Während die Männer von Kompanie B sich lässig auf dem Rücken ausstreckten, war Doss damit beschäftigt, sich um ihre Füße zu kümmern. Für besonders ausgeprägte Fälle bastelte er Polster in Form eines Donuts, um so den Druck abzufangen.

Es kam ihnen so vor, als hätten sie erst eine Minute Pause gemacht, als der erste Feldwebel seinen Pfiff ertönen ließ. „Antreten", schrie er. „Wir haben noch einen langen Rückweg vor uns."

Blasen und wunde Füße hielten Doss auf dem gesamten Rückweg auf Trab. Er verarztete einen Mann, so gut er konnte, und rannte danach los, um den Zug wieder einzuholen. Manche der Männer, die er versorgte, waren nicht einmal Teil seiner Kompanie, geschweige denn seines Zuges, aber sie brauchten ganz offensichtlich Hilfe. Ungeachtet der ganzen Rennerei, die er mit seinen hin und her baumelnden Leinentaschen bewältigen musste, um wieder den Anschluss zu bekommen, kam Desmond nicht später am Ziel an als der Rest des Zuges.

Als sie dort in Reih und Glied standen und auf ihre Entlassung warteten, kippten drei Männer bewusstlos aus den Latschen. Desmond eilte ihnen zu Hilfe. Als er mit ihnen fertig war, hatten alle anderen Männer schon ihre Schuhe ausgezogen und lagen im Bett. Desmond hatte noch nicht einmal die Möglichkeit gehabt, sich kurz hinzusetzen. Er fragte jeden einzelnen, ob er ihm noch irgendwie helfen konnte. Noch am selben Morgen hatten ihn etliche dieser Männer verspottet, Prediger genannt und andere hämische Kommentare gemacht. Jetzt lagen sie erschöpft da, und der schmächtige Sanitäter kniete neben ihren Kojen und versorgte ihre Füße.

Diese Nacht machte sich niemand in der Kaserne über Desmond Doss lustig. Er hatte sich bewährt. Er war nun endlich einer von ihnen, ein voll akzeptiertes Mitglied von Kompanie B.

Im Verlauf der weiteren Ausbildung kamen sich die drei Kompanie-Sanitäter immer näher. Einer von ihnen hieß Clarence C. Glenn. Er war ein junger Mann mit rundem Gesicht, und wenn er sein breites Lächeln zeigte, konnte man die Goldfüllung an einem seiner Schneidezähne sehen. Der andere Sanitäter war James A. Dorris, ebenfalls ein sympathischer Kerl, wenn auch etwas ernster. Glenn und Dorris waren beide verheiratet, und als Dorothy nach Columbia zog, um in der Nähe von Desmond zu sein, besuchten die drei Paare sich oft gegenseitig.

Clarence Glenn war der erste Katholik aus Fleisch und Blut, den Desmond in seinem Leben kennenlernte und Desmond der erste Siebenten-Tags-Adventist, der erste Christ, dessen ausschließliche Grundlage die Bibel war, den Glenn näher kennenlernte. Auch wenn einige ihrer Bemerkungen einem Theologen wahrscheinlich haarsträubend erschienen wären, hatten sie doch ihre Freude daran, sich stundenlang über ihren Glauben auszutauschen.

„Ich verstehe nur nicht, warum du so einen Wirbel um Samstag und Sonntag machst", sagte Glenn. „Klar, ich weiß, was das Gebot sagt. Aber wenn so ziemlich jeder am Sonntag zur Kirche geht, muss es dafür doch einen guten Grund geben."

„Es gibt einen Grund dafür, aber es ist kein guter Grund", sagte Desmond. „Die Geschichte geht zurück bis ins vierte Jahrhundert und hat mit einem Mann namens Konstantin zu tun. Er war damals der römische Kaiser, und er war Christ. Aber die meisten der römischen Untertanen waren zu der Zeit Heiden, die die Sonne anbeteten. Sie verehrten den Tag der Sonne, den Sonntag, den ersten Tag der Woche. Konstantin hatte die tolle Idee, aus dem Sonntag einen Feiertag zu machen, den auch die Christen hielten, um so das Christentum auch den Heiden näherzubringen. Er konnte sie nicht besiegen, also tat er sich mit ihnen zusammen."

„Was ist denn mit dem Samstag passiert?", fragte Glenn.

„Den hielt er weiterhin gleichzeitig", sagte Desmond.

„Also hat er die Fünf-Tage-Woche eingeführt?", fragte Glenn mit einem breiten Grinsen, sodass man seinen Goldzahn glitzern sah.

„Ja, ich schätze schon", stimmte Desmond zu, jedoch ohne Grinsen. Er machte nicht gern Witze, wenn es um Religion ging. „Jedenfalls hielten sie beide Tage parallel – jahrhundertelang. Ursprünglich war der Samstag ein ziemlich feierlicher Tag, aber nach und nach hielten immer mehr Leute den Sonntag. Schlussendlich waren die einzigen, die noch den Sabbat hielten, die Juden, wie sie es eben schon immer gemacht hatten."

„Aber schau mal, Doss", warf Glenn ein. In der 77. Division hieß es immer „Doss" und „Glenn". Vornamen existierten nicht. „Mir ist gerade ein

Gedanke gekommen. Ist es nicht schwer für euch, Arbeit zu finden? Ich meine, was ist, wenn der Chef will, dass du am Samstag arbeitest?"

„Das ist tatsächlich ein Problem, aber gewöhnlich machen wir immer die Erfahrung, dass Gott sich darum kümmert." Desmond hielt inne. Wie konnte er seinem Freund von seinen eigenen persönlichen Erfahrungen mit dem Sabbat erzählen?

Die Sabbatfrage war für ihn von Anfang an eng verknüpft mit der Liebe und Inspiration, die ihm seine Mutter gegeben hatte. Eine seiner schönsten Erinnerungen war es, eingekuschelt auf dem Schoß seiner Mutter den biblischen Geschichten zu lauschen, die sie vorlas oder erzählte.

Desmonds Mutter war in einer adventistischen Familie aufgewachsen, sein Vater jedoch nicht. Er rauchte und trank auch bei Gelegenheit Alkohol. Er hatte eine zustimmende Haltung zu der Religion seiner Frau und konnte ihr viel Positives abgewinnen, aber er schob es vor sich her, selbst Mitglied der Kirche zu werden. Während der Goldenen Zwanziger fragte Tom Doss seinen Arbeitgeber, einen Bauunternehmer, einmal, ob er seine Arbeitsstelle behalten könne, wenn er Siebenten-Tags-Adventist würde und samstags nicht mehr arbeiten könnte. Der Chef sagte Nein, und damit war die Angelegenheit für seinen Vater zunächst einmal erledigt.

Dann kam die Depression, und in Lynchburg kam das Neubaugewerbe praktisch zum Erliegen. Tom Doss konnte von Glück sagen, wenn er an einem Tag Arbeit finden konnte. Mrs. Doss arbeitete in einer Schuhfabrik, und die Kinder brachten ein bisschen Geld von Gelegenheitsjobs mit, bis sie alt genug waren, eine richtige Arbeitsstelle zu finden.

Mrs. Doss und die drei Kinder gingen weiterhin jeden Sabbat zum Gottesdienst, und wann immer er konnte, kam Mr. Doss mit. Eines Samstags gingen sie in eine kleine Gemeinde in der Nähe von Lynchburg, in der Elder Lester Coon Pastor war. Er war ein leidenschaftlicher Prediger und sprach genau das aus, was er glaubte, ob es der Versammlung passte oder nicht.

In der Predigt an diesem Sabbat sagte er einen Satz, der mitten ins Schwarze traf. Es war fast so, als hätte er Tom Doss direkt angeschaut, als er sagte: „Für mich ist jeder Mann, der nicht für das, was er denkt, aufsteht, einfach jemand, der ein Rückgrat wie eine Spaghetti-Nudel hat." Desmond sah, wie sein Vater seinen Rücken streckte und steif machte. Jahrelang hatte er seine Frau und Kinder in ihrem Glauben unterstützt; er war offensichtlich der Meinung, dass dies die richtige Religion war. Aber er hatte sich nicht selbst offen dazu bekannt.

Danach wurde Tom Doss Mitglied der Gemeinde. Er hörte auf zu trinken und zu rauchen. Kurz darauf wurde er gleich einer weiteren Prüfung unterzogen. Er hatte schon seit Wochen keine Arbeit gefunden. Am Mittwoch kam sein Chef zu ihm und fragte, ob er eine kleine Renovierungsarbeit übernehmen könnte, die ungefähr zwei Tage dauern würde. Er arbeitete den ganzen Donnerstag und Freitag an der Sache, aber es blieben noch einige Stunden Arbeit, die in das Projekt gesteckt werden mussten. Doss sagte seinem Chef offen, dass er die Arbeit nicht am Sabbat fertigstellen würde, dass das bis Montag warten müsse. Er würde am Samstag nicht einmal vorbeikommen, um seinen Lohn abzuholen. Dann wartete er. Soweit er wusste, war es gut möglich, dass der Chef ihm die Bezahlung für die bereits geleistete Arbeit verweigern würde.

„Das geht schon klar, Tom", sagte der Chef. „Mach die Restarbeit am Montag. Dein Geld bekommst du, sobald alles fertig ist."

Von dem Tage an war Tom Doss ein hingebungsvoller Adventist und ein entschlossener Sabbathalter. Und das Erstaunliche war, dass er ab diesem Zeitpunkt immer mit reichlich Arbeit für die Zeit von Montag bis Freitag eingedeckt war. Für Familie Doss war das der Wendepunkt. „Siehst du", erzählte Desmond Glenn zum Abschluss der Geschichte, „Gott kümmerte sich auf seine Weise um die Dinge, und schlussendlich hätte es nicht besser kommen können."

„Naja, aber du machst immer noch einen Haufen anderer Dinge, die ich niemals tun wollte", sagte Glenn. „Du machst dir das Leben echt schwer. Du schickst zehn Prozent deines Gehalts an die Kirche. Selbst wenn dein Leben davon abhinge, würdest du keinen einzigen Schluck trinken oder mal eine Zigarette rauchen. Du würdest ja noch nicht mal ein Schweinekotelett essen!"

„Alle diese Dinge stehen in der Bibel. In deiner genauso wie in meiner", sagte Desmond. „Schweinefleisch ist unrein, genauso wie Meeresfrüchte. Ich kenne den Geschmack von diesen Sachen gar nicht, also fällt es mir nicht schwer, nicht davon zu essen."

„Ja, aber die Bibel sagt nicht ein Wort über Zigaretten oder Bourbon Whiskey."

„Vielleicht nicht direkt, aber in seinem ersten Brief an die Korinther schreibt Paulus: Ihr seid Gottes Tempel. Das ist es, worauf wir uns gründen: Dass der Körper der Tempel Gottes ist, und wir wollen ihn nicht mit

Nikotin oder Alkohol, nicht einmal mit Kaffee oder Schwarztee verunreinigen. Außerdem glaube ich nicht, dass mir deswegen etwas fehlt. Als Kind habe ich Kräuterzigaretten oder manchmal Zigarettenstummel geraucht, und alles, was ich davon hatte war, dass ich husten musste. Als ich einmal erkältet war, habe ich Hustensaft getrunken. Von dem darin enthaltenen Alkohol wurde mir so schwindelig, dass ich nicht mehr aufstehen konnte. Das eine Mal reichte mir völlig."

Desmond hielt inne und überlegte. Wie konnte er seinem unbekümmerten, leichtlebigen Kumpel erklären, dass die positiven Seiten des adventistischen Glaubens diese für ihn streng erscheinende Enthaltsamkeit mehr als wettmachten? Er selbst war kein Trauerkloß, der ständig nur Trübsal blies. Adventisten sind eine Gruppe von fröhlichen Leuten. Sie arbeiten auf ein Ziel hin. Ein positives, erreichbares Ziel, das eine Belohnung mit sich bringt, die so schön ist, dass sie all unsere Vorstellungskraft übersteigt.

Für Adventisten ist nämlich das Wort Christi aus dem 24. Kapitel des Matthäusevangeliums Vers 14 etwas, das wörtlich zu verstehen ist: „Und dieses Evangelium vom Reich wird in der ganzen Welt verkündigt werden, zum Zeugnis für alle Heidenvölker, und dann wird das Ende kommen."

Sie lesen daraus, dass wenn die Botschaft von der Wiederkunft Christi jedem verkündigt wurde, Christus wiederkommen wird. Die Welt wird enden, und die Treuen – die, die ein christliches Leben geführt und an der Verkündigung des Evangeliums mitgewirkt haben – werden in einer himmlischen Freude und einem Glück leben, das absolut vollkommen und von ewiger Dauer ist. Der Adventist lebt für das unvergleichliche Ziel, eine allumfassende Garantie und Sicherheit zu haben, die eine Ewigkeit lang anhält.

„Ist es das nicht wert, auf eine Zigarette, einen Drink oder einen Shrimpscocktail zu verzichten?", fragte Desmond. Da zeigte Glenn sein goldenes Lächeln, boxte seinem Kumpel freundschaftlich gegen den Arm und schlug vor, sich Richtung Kantine zum Futtern zu bewegen.

Solche Unterhaltungen trugen zu einem besseren gegenseitigen Verständnis der Männer bei. Eine weitere Folge war etwas, von dem die Männer der Kompanie B stark profitierten, nämlich das Arrangement bezüglich ihrer Ruhetage. Glenn arbeitete samstags für Doss, sodass dieser in den Gottesdienst gehen konnte, und sonntags tat Doss dasselbe für Glenn, sodass er zur Messe gehen konnte. Anstelle eines unwilligen Sanitäters, der gegen seinen Willen im Dienst war, fanden die Männer der Kompanie an jedem Tag der Woche einen eifrigen, dienstbeflissenen jungen Mann vor, der ihnen zur Verfügung stand. Dies trug viel zu dem Gemeinschaftsgeist der Kompanie bei. Anstatt bei leichten Beschwerden die Krankenstation des Bataillons aufzusuchen, zogen es die Männer vor, bei ihren Kumpels zu bleiben. Sie vertrauten darauf, dass ihre pflichtbewussten Sanitäter sich an Ort und Stelle gut um sie kümmern würden.

So begann die gesamte Division, einen Teamgeist zu entwickeln, bei dem alle an einem Strang zogen. Es entstand eine vorbildliche Truppeneinheit, die sich durch Mut und Stolz auszeichnete. Die Einheit wurde später an andere Ausbildungsorte geschickt – nach Louisiana für militärische Planspiele, nach Arizona für ein Training in der Wüste und nach Pennsylvania und West Virginia für ein Training im Gebirge.

Dorothy folgte Doss, wo immer es ihr möglich war. In Louisiana war die einzige Unterkunft, die sie finden konnte, ein trostloses Zimmer in einem heruntergekommenen Bauernhaus. Sie teilte sich den Raum mit der Frau eines anderen Soldaten. Wenn ihre Männer sie besuchen durften, teilten die Frauen den Raum, indem sie in der Mitte eine Decke aufhängten.

Eines Sabbats war die Division 40 Kilometer von Shreveport, der nächsten Stadt, entfernt. Desmond trampte mit einem Farmer in einem alten Ford zur Gemeinde. Aber nach dem Gottesdienst konnte er niemanden finden, der ihn wieder mit zurück nahm. Die Militär-Polizei sammelte ihn ein und hielt ihn zusammen mit ein paar Betrunkenen und Unruhestiftern über Nacht fest. Ein Lastwagen des Regiments holte sie am nächsten Morgen aus dem Militärgefängnis ab. Er musste nun seinem befehlshabenden Offizier erklären, dass seine einzige Straftat darin bestand, dass er zum Gottesdienst gegangen war.

Mittlerweile war Major Steinman, der Befehlshaber des Sanitäts-Bataillons, so außer sich vor Wut wegen des Sabbatthemas, dass er sich weigerte, Desmond eine Ausgeherlaubnis für die Kirche zu geben. Außerdem verbot er ihm, jemals wieder nach einer Ausgeherlaubnis zu fragen, und verweigerte ihm die Erlaubnis, sich diesbezüglich an eine höhere Stelle zu wenden.

„Ich werde dafür sorgen, Doss", sagte der Major, „dass Sie vor das Militärgericht gestellt werden, wenn Sie mir nur den geringsten Anlass geben."

Desmond wusste, dass er es ernst meinte. Der kleinste Fehltritt und er hätte den größten Ärger am Hals. In dieser Woche fuhr er nicht zur Gemeinde in die Stadt. Dorothy wohnte ja in dem nahe gelegenen Bauernhaus, und die beiden gingen raus auf eine Kuhweide und hielten gemeinsam ihren eigenen Gottesdienst ab.

Auch wenn Desmond sich inzwischen den Respekt der Männer aus Kompanie B erarbeitet hatte, hatte er noch immer große Schwierigkeiten mit den Offizieren des Sanitäts-Bataillons. Selbst die Offiziere des Regiments und der Division wurden in die Auseinandersetzung mit hineingezogen. Während einer wichtigen Gefechtsübung, an der mehrere Divisionen beteiligt waren, fragte Desmond wie üblich, ob er am Sabbat frei bekommen und in die Kirche gehen könne. Ehe er sich versah, bekam er die Order, sich an einer staubigen Straßenkreuzung in der Nähe des Manövergeländes zu melden. Dort saßen in einem Auto zwei Oberste, ein Oberstleutnant und ein Major, die gerade noch auf diesen einen Soldaten gewartet hatten, der nichts anderes wollte, als in die Kirche zu gehen.

Oberstleutnant Thomas B. Manuel, der ausführende Offizier des Regiments, führte den Hauptteil des Gesprächs. Desmond war überaus respektvoll und es tat ihm sehr leid, dass diese Männer höheren Ranges etwas von ihrer wertvollen Zeit opfern mussten, um mit einem Gefreiten über Religion zu sprechen. Aber er blieb unnachgiebig. Am Sabbat würde er nicht Krieg spielen.

„Aber ich dachte, Sie dürften sich am Sabbat um die Kranken und Verletzten kümmern", sagte der Oberst.

„Ja Sir, ich glaube, dass es in Ordnung ist, am Sabbat Gutes zu tun. Ich würde jedem medizinische Hilfe leisten, der sie braucht", sagte Desmond. „Aber Oberst, wir wiederholen diese Übung nun zum vierten Mal, und bisher wurde nie jemand verletzt."

Letztendlich gaben die hochrangigen Militärs nach, und ihm wurde erlaubt, in die Stadt zu fahren und Dorothy zur Kirche zu begleiten.

Er konnte eine Mitfahrgelegenheit mit einem Krankenwagen ergattern, der ihn zum Lager brachte. Bis auf die Garde war alles wie ausgestorben. Desmonds Kaserne war fest verriegelt. Nur ein Fenster direkt über seinem Bett war offen. Für Desmond war diese Tatsache auf das direkte Eingreifen Gottes zurückzuführen. Gott wollte sicher nicht, dass sein treu ergebener Untertan in durchschwitzter und dreckiger Uniform zur Jugendstunde gehen musste. Desmond nutzte die von Gott getroffene Vorsorge, indem er sich eine Feuerleiter besorgte und durch das unverriegelte Fenster kletterte.

Just in dem Moment lief ein Wächter vorbei. Desmond erklärte ihm, im Fenster hängend, die Situation.

„Brauchst du die Leiter, um wieder runterzukommen?", fragte der Wächter.

„Nein, eigentlich nicht", sagte Desmond.

„Dann bringe ich sie schnell wieder weg, bevor jemand anders das sieht und wir beide Ärger bekommen", sagte der Wächter. „Jetzt beeil dich aber mit Waschen und Anziehen, und sieh zu, dass du hier wegkommst."

Diesen Abend kam Desmond geduscht, rasiert und in frischer Uniform zur Jugendstunde. Dorothy war schon da und wartete auf ihn. Gemeinsam dankten sie Gott, dass er Desmond geholfen hatte, den Sabbat zu halten und die Kirche zu besuchen.

Die Division zog nun in die Wüstengegend von Arizona und schlug ihr Lager dann, nachdem sie einige Wochen mit Manövern verbracht hatten, an einem Ort weit draußen in der Wüste auf. Die nächstgelegene Stadt war Buckeye, wo Dorothy in dem Haus eines adventistischen Arztes und seiner Frau wohnte. Sie hatten eine Klimaanlage, und ihr Haus war meilenweit der einzige gemütliche Ort. Auch hier erhielt Desmond seine Ausgeherlaubnis für den Sabbat, aber wie nur sollte er in die Stadt gelangen?

Es gab dort zwar eine Bahnlinie, aber in der Vergangenheit hatten einige Soldaten als Passagiere einen Zug beschädigt, und seitdem war es Soldaten nicht mehr gestattet, die Bahn zu benutzen. Die einzige andere Möglichkeit, aus dem Lager herauszukommen, bestand darin, mit einem Lastwagen nach Phoenix oder Yuma zu fahren. Beide Städte waren so um die 160 Kilometer entfernt. Buckeye war nur halb so weit. Desmond erhielt vom Regimentskommando die Erlaubnis, die Bahn zu nehmen, insofern die Bahngesellschaft es ihm gestattete. Der Bahnhofsvorsteher hatte überhaupt kein Problem damit, diesem sauber aussehenden jungen Mann, der nichts anderes wollte, als in den Gottesdienst zu gehen, eine Hin- und Rückfahrkarte zu verkaufen. Während also die anderen Mitglieder der Division, die auch eine Ausgeherlaubnis hatten, sich in Lastwagen durch die Wüste schütteln lassen mussten, fuhr Desmond jeden Freitag in einem klimatisierten Zug nach Buckeye und konnte ganz in Ruhe an den persönlichen Gottesdiensten mit Dorothy und einer Gruppe anderer junger Leute teilnehmen.

Die Wüstenausbildung ließ die Stimmung und Beherrschung aller in den Keller sinken – angefangen von den höchsten bis zu den niederen Rängen.

Es war eine brutale Erfahrung, die negative und gesundheitsschädigende Auswirkungen auf die gesamte Division hatte. Unter dem Einfluss von Militäroperationen in der nordafrikanischen Wüste legte die US-Armee zur damaligen Zeit extrem großen Wert darauf, die Menge an Wasser, die die Truppe verbrauchte, zu reduzieren. Wasser – die alltäglichste und selbstverständlichste Flüssigkeit überhaupt – wird bei Versorgungsknappheit zu einem kostbaren Rohstoff. Jede Einheit war in ihrem täglichen Wasserverbrauch extrem eingeschränkt. Das Wasser wurde auf LKWs auf das Kompaniegelände geliefert, wobei die knapp 200 Liter fassenden Fässer offen auf der Ladefläche standen. Das kostbare Nass schwappte dann oft über auf den sandigen Boden der Ladefläche und lief unter der Heckklappe hindurch nach außen. Die Männer rannten hinter dem Lastwagen her, fingen das Wasser mit ihren Helmen auf und tranken es samt dem Schlamm, Sand und allem anderen.

Auf langen Märschen durch die grausame Wüstenwildnis machten die Männer häufig schlapp, einfach nur aus Flüssigkeitsmangel. Den Sanitätern wurde kein zusätzliches Wasser zur Verfügung gestellt, und manchmal mussten Desmond und die anderen sogar etwas von ihrer eigenen Ration abgeben. Desmond war ohnehin schon schwer gestraft dadurch, dass der bei den Mahlzeiten servierte Kaffee und Schwarztee in die individuelle Ration mit eingerechnet wurde, und ihm diese Flüssigkeitsmenge in seiner Ration fehlte, da er diese Getränke grundsätzlich nicht trank.

Unter solchen Umständen war es verständlich, dass das Thema Wasser für die Männer zu etwas Weltbewegendem wurde. Eines Tages kamen die Männer aus der Kompanie zu Doss gerannt und berichteten ihm, dass der momentan befehlshabende Leutnant Gornto keine Vorkehrungen traf, um den Restbestand des Wassers aus den für ihren Zug vorgesehenen Containern zu verteilen. Das war eine höchst wichtige Prozedur. Jeden Morgen kamen die LKWs mit dem Wasser zu einer bestimmten Zeit angefahren, um den Vorrat wieder aufzustocken. Vorher mussten alle möglichen verfügbaren Gefäße wie Küchenfässer und persönliche Feldflaschen mit dem vom Vortag noch vorhandenen Wasser aus den Kompaniecontainern befüllt werden, bevor sie wieder neu aufgefüllt wurden. Ansonsten würde ihnen diese Menge an Wasser entgehen.

„Aber der Leutnant sitzt einfach da rum und macht gar nichts!", erzählten die Männer aufgeregt. „Uns darf dieses Wasser nicht entgehen!"

Obwohl Doss nur ein Gefreiter war, hatte er als Militärsanitäter zusätzliche Verantwortlichkeiten für die Bereiche Hygiene und Gesundheit übertragen bekommen. Er ging der Sache nach und kam zu dem Schluss, dass die Männer Recht hatten. Er fühlte sich moralisch dazu verpflichtet, allen Mut zusammenzunehmen, zum Leutnant zu gehen und ihm zu sagen, was er tun sollte.

Gornto hörte sich sein Anliegen so nebenbei an. Er sah müde aus. „Machen Sie sich keine Sorgen Doss", sagte er. „Ich kümmere mich darum."

Doss salutierte und ging wieder, aber es passierte immer noch nichts. Es war inzwischen kurz vor dem Zeitpunkt, wo die LKWs normalerweise auftauchten. Doss rannte zum Kommando des Sanitäts-Bataillons, um dort die Geschichte einem Sanitäts-Offizier zu melden. Der Offizier, der gerade Dienst hatte, war zufällig ein enger Freund von Leutnant Gornto. Doss hatte das Gefühl, dass das Ganze ein sinnloses Unterfangen war, aber fühlte sich weiterhin verpflichtet, das Anliegen so weit wie möglich durchzubringen.

Der Sanitäts-Offizier hörte sich Doss' Bericht an. Er war verpflichtet, in dieser Sache aktiv zu werden und gab Doss die Zusage – wenn auch widerwillig – dass er sich darum kümmern würde. Als Doss wieder zurück zum Kompaniegelände kam, hatte Gornto das Wasser bereits verteilen lassen. Das war ein moralischer Sieg für Desmond, und die anderen Männer zollten ihm dafür ihren Respekt. Gornto erwähnte den Vorfall nie wieder, aber Desmond fühlte sich von dem Tag an immer ein wenig unbehaglich, wenn er in seiner Nähe war. Es ist einer unbelasteten Beziehung nicht gerade förderlich, wenn man den eigenen Zugführer verpfeift.

Aber es gab etwas, das die ganze Geschichte noch viel schlimmer machte. Was Desmond nicht wusste, war, dass Gornto und sein Jeep-Fahrer, Edward J. Panek, fast die ganze Nacht damit verbracht hatten, nach dem Wasser-LKW zu suchen. Gornto hatte also die ganze Zeit über gewusst, dass der LKW später als gewöhnlich ankommen würde.

Die Lebensbedingungen für die Männer der 77. waren neben der staubtrockenen Hitze geprägt von einer Stimmung allgemeiner Gereiztheit, Missverständnissen und gegenseitigem Misstrauen. Die Zustände waren so deprimierend, dass Fahnenflucht keine Seltenheit mehr war. Manche Männer flohen in die Wüste und wurden nie wieder gesehen. Sogar einer der Militärgeistlichen entfernte sich unerlaubt von der Truppe. Nur vor einem solchen

Hintergrund war es möglich, dass die folgende Geschichte passierte, die die nächste Episode in der Auseinandersetzung zwischen dem Gefreiten Doss und der Armee sein sollte. Als er eines Freitags in das überhitzte Zelt des Oberkommandos für das Sanitäts-Bataillon ging, um seine Ausgeherlaubnis abzuholen, bemerkte er, wie sich die sogenannten Schreibtischkrieger, die „Bürohengste", gegenseitig vielsagende Blicke zuwarfen. Der oberste Feldwebel, der die missbilligende Haltung des befehlshabenden Offiziers gegenüber Doss nicht nur teilte, sondern noch verstärkte, übergab Doss die Ausgeherlaubnis mit einem widerwärtigen Grinsen.

„Ich werde das nicht mehr lange mitmachen, Doss", sagte er. „Es werden gerade Vorkehrungen getroffen, dass Sie von nun an jeden Samstag frei haben können."

Desmond wusste, dass da irgendetwas im Busch war. Er ging zu einem der Offiziere im Bataillon, um herauszufinden, was los war.

„Ich habe gute Nachrichten für Sie, Gefreiter Doss", sagte dieser. „Sie werden die Armee verlassen. Wir haben Ihren Fall ausführlich besprochen und sind zu dem Schluss gekommen, dass Sie entsprechend den Bestimmungen von Paragraph 8 die Bedingungen für die Ausmusterung erfüllen. Sie werden heute Vormittag vor das Ausmusterungskomitee gestellt. Gehen Sie auf ihr Zelt. Sie werden beordert, wenn das Komitee so weit ist."

Im ersten Moment stieg Desmonds Stimmung – dann fiel sie wieder in den Keller. Er war auch nur ein Mensch und hatte wirklich genug von dieser Wüste. Seine Nase war von dem ständigen Staub angeschwollen und entzündet. Seine Augen tränten. Ständig hackten die Offiziere auf ihm herum. Nie hatte er seine Ruhe. Er hatte die Nase voll. Er war so weit, dass er nach Hause wollte.

Er wusste aber auch, dass es in Paragraph 8 um psychische Störungen ging. Und Desmond Doss glaubte nicht, dass er, nur weil er samstags zum Gottesdienst gehen wollte, deswegen verrückt oder geistesgestört war.

Das Ausmusterungskomitee bestand aus fünf Sanitäts-Offizieren, die draußen im Freien um einen Klapptisch herum saßen. Die Papiere waren bereits fertig ausgestellt. Der Vorsitzende teilte Desmond mit, was er schon wusste: Er sollte ausgemustert werden.

„Warum Paragraph 8?", stammelte er. Hier stand er ganz allein als Gefreiter fünf Militärärzten gegenüber, die alle der Meinung waren, er sei verrückt.

Was konnte er noch sagen? „War meine Arbeit nicht zufriedenstellend?"

„Naja, das schon", gab der Vorsitzende zu. „Aber jeder andere in der Einheit trainiert sieben Tage die Woche. Durch Ihre Ablehnung, samstags zusammen mit den restlichen Männern zu trainieren, verpassen Sie wertvolle Ausbildungszeit. Sie könnten etwas Wichtiges verpassen, was dazu führt, dass Sie Ihre Arbeit nicht ordnungsgemäß ausführen. Das Leben eines Mannes könnte auf dem Spiel stehen. Sogar Ihr eigenes Leben könnte dadurch in Gefahr geraten."

Desmond erklärte ihnen, wie Clarence Glenn und er ein gut funktionierendes System erarbeitet hatten, wodurch immer einer von ihnen am Wochenende im Dienst war. Außerdem erwähnte er, dass Kompanie B die geringste Zahl an Krankheitsfällen im ganzen Regiment hatte. Die Mitglieder des Komitees taten, als hätten sie ihn nicht gehört. Offensichtlich erwarteten sie von ihm, dass er die Entlassung ohne Widerspruch annahm. Aber das konnte er nicht.

„Sie sagen doch, dass meine Arbeit zufriedenstellend ist", sagte er. „Also ist der einzige Grund für die Ausmusterung die Tatsache, dass ich den Sabbat halte. Ich wäre ein sehr armseliger Christ, wenn ich eine Ausmusterung akzeptiere, die impliziert, dass ich – nur aufgrund meines Glaubens – psychische Probleme habe. Wenn ich gerufen werde, um an einem Sabbat meine Kameraden medizinisch zu versorgen, werde ich das tun – und zwar mit Freuden. Auch glaube ich nicht, dass ich etwas Grundlegendes verpasse, weil ich samstags nicht hier bin. Aber wenn das doch der Fall sein sollte – selbst wenn es etwas wäre, das mein Leben in Gefahr bringt – bin ich bereit, dieses Risiko einzugehen."

Desmond hielt kurz inne, um Atem zu schöpfen. „Sir", sagte er sanft, „bitte glauben Sie mir. Ich weiß, dass wenn ich Gottes Gebote halte, er mir genauso viel Weisheit und Verständnis geben wird wie den anderen, die an diesem heiligen Tag ihre Ausbildung erhalten."

Mit dieser Antwort war die Frage der Ausmusterung aufgrund von Paragraph 8 erledigt – endgültig. Es war offensichtlich, dass Washington nie einer Ausmusterung zustimmen würde, die ausschließlich aus religiösen Gründen erfolgte. Desmond blieb also in der Armee und in der Wüste – ein merkwürdiger Sieg. Seine Situation hatte sich dadurch eher noch verschlimmert, denn es sprach sich in der ganzen Division herum, dass die Offiziere des

Sanitäts-Bataillons versucht hatten, einen vorbildlichen Soldaten im Hauruckverfahren aus der Armee hinauszubefördern, und stattdessen selbst zusammengestaucht worden waren. Das trug nicht gerade zu Desmonds Popularität bei den hochrangigen Militärs bei.

Schließlich ging auch die Ausbildung in dieser Wüstenhölle dem Ende zu. Es wurde bekannt, dass der nächste Aufenthalt der Division im militärischen Trainingslager von Indiantown Gap in Pennsylvania sein sollte. Dort würde es Bäume geben, Gras, Wasser im Überfluss und keinen Sand mehr. Eine euphorische Stimmung verbreitete sich in der gesamten Division.

Am Mittag kehrte Doss vom Einsatzgebiet zurück – überhitzt und ausgetrocknet, aber überglücklich bei dem Gedanken, dass all dies bald ein Ende hatte. Doch bei der Ankunft wartete auf ihn ein Befehl, sich beim Oberkommando des Regiments zu melden. Dort wurde ihm mitgeteilt, dass er offiziell aus dem Sanitätsdienst in die Kompanie des Regimentsoberkommandos versetzt würde. Er war also wieder in der Infanterie. Seine Feinde im Sanitäts-Bataillon hatten einen andern Weg gefunden, ihn loszuwerden.

Wie betäubt ging Desmond zu seinem Zelt, um seine Sanitäts-Ausrüstung zu holen und sie abzuliefern. Danach würde er sich bei seiner neuen Kompanie melden. Aber er konnte den einen Gurt nicht finden. Plötzlich wurde ihm bewusst, dass das einzige, was ihn jetzt noch von der Infanterie trennte, dieses kleine Teil, dieser Leinengurt war und dass die Schwierigkeiten für ihn jetzt erst so richtig beginnen würden. Er fiel auf seine Knie.

„Hilf mir, oh Herr", flehte er. „Gib mir Weisheit, damit ich weiß, was ich tun soll."

Ihm fiel Hauptmann Stanley ein, der ihm bereits schon einmal geholfen hatte. Das Fehlen des Gurtes gab ihm etwas zeitlichen Spielraum, sodass er den Militärgeistlichen aufsuchen konnte. Aber alles, was dieser ihm bieten konnte, waren sein Mitgefühl und seine guten Wünsche. Schlussendlich fand Desmond den Gurt und brachte seine Ausrüstung zurück – in dem Bewusstsein, dass das, was vor ihm lag, nichts als Ärger und Schwierigkeiten bedeutete. Einer seiner Freunde, March Howell, ein „Techniker vierten Grades" [T/4], verabschiedete sich von ihm.

„Und hör mal, Doss", fügte Howell noch hinzu, „ich habe gerade eben eine Zehn-Dollar-Wette mit deinem neuen Kompaniechef abgeschlossen. Er sagte, er würde dich innerhalb von 30 Tagen dazu kriegen, eine Waffe zu tragen. Ich habe dagegen gewettet, dass du es nicht tun wirst."

„Du weißt, Feldwebel, dass ich von Geldwetten nichts halte", sagte Desmond. „Ich wünsche mir, dass keiner von euch beiden verliert. Aber ungeachtet dessen – ich werde keine Waffe tragen."

Desmond meldete sich bei seinem neuen Kompaniechef, Leutnant Walter G. Cosner[3]. Der Leutnant war bereits instruiert worden, dass ein Unruhestifter in seinen Zug versetzt worden war, und Cosner hatte sich gleich gewappnet, ihm einen entsprechenden Empfang zu bereiten. Er hatte Doss bereits der Pionier-Munitionseinheit zugeordnet, und der Karabiner, den er tragen sollte, lag schon für ihn bereit.

„Gefreiter Doss", sagte der Leutnant, „nehmen Sie diesen Karabiner." Desmond war augenblicklich klar, welches Katz-und-Maus-Spiel der Leutnant mit ihm spielen wollte. Obwohl er als Kriegsdienstverweigerer offiziell davon befreit war, Waffen tragen zu müssen, gab es andererseits keinerlei Ausnahmen für irgendeinen Soldaten von der Verpflichtung, einem direkten Befehl eines Offiziers gehorchen zu müssen. Der Leutnant wollte es darauf anlegen, dass er entweder die Waffe nehmen oder vor dem Militärgericht landen würde.

„Tut mir leid, Sir", sagte Doss, „aber gemäß meiner religiösen Überzeugungen kann ich keine Waffen tragen."

Noch einmal befahl der Leutnant ihm, das Gewehr zu nehmen, und noch einmal lehnte Doss es ab, wobei er seine Antwort so formulierte, dass es keine direkte Verweigerung war.

Der Leutnant wurde des Spiels mit dem Gewehr überdrüssig und griff stattdessen nach einer 45er Maschinenpistole. „Die können Sie nehmen, Doss", sagte er. „Das ist ja keine richtige Waffe."

„Was ist es dann, Sir?", fragte Doss. Der Leutnant spielte das Spiel weiter, als Nächstes mit einem Grabendolch für den Nahkampf, dann mit einem Munitions-Set. Doss lehnte wieder beides ab, aber vermied es, es als direkte Verweigerung zu formulieren.

„Schauen Sie, Doss", sagte der Leutnant, „ich will nicht, dass Sie irgendjemanden umbringen, sondern einfach nur, dass Sie, wie jeder andere, mit diesen Waffen trainieren."

---

3   Ein Pseudonym.

„Ich möchte mein Vertrauen lieber auf Gott setzen anstatt auf einen Karabiner", sagte Desmond.

Der Leutnant beugte sich vor. „Sie sind doch verheiratet. Überlegen Sie mal, wenn jemand Ihre Frau vergewaltigt, würden Sie da keine Waffe benutzen?"

„Ich würde keine bei mir haben."

„Was würden Sie denn tun?"

„Ich würde mit Sicherheit nicht nur einfach da stehen", sagte Doss mit spitzer Zunge. „Ich würde aber keine Waffe benutzen und niemanden töten. Derjenige würde sich aber sicher wünschen, tot zu sein, wenn ich mit ihm fertig wäre."

Durch den Umzug nach Indiantown Gap wurde der Konflikt zunächst einmal ad acta gelegt. Hier hatte der Leutnant das letzte Wort. Doss wurde auf Dauer dem Küchendienst zugeteilt, und sein Job war es, die Töpfe und Pfannen zu schrubben. Der ständige Kontakt mit der ätzenden Lauge des Spülmittels, der seine Hände ausgesetzt waren, ließ sie rau und blutig werden. Eine Ausgeherlaubnis zum Verlassen des Kompaniegeländes wurde ihm grundsätzlich verweigert, so dass es auch keinen Sinn gehabt hätte, wenn Dorothy nach Indiantown Gap gekommen wäre.

Dann traf ein Telegramm aus seinem Elternhaus ein. Sein jüngerer Bruder Harold war zum letzten Mal auf Heimaturlaub, bevor er mit der Navy nach Übersee versetzt würde. Es war die letzte Chance, dass die gesamte Familie beisammen sein konnte. Genau um diese Zeit herum hatten einige der Männer, einschließlich Doss, den Zeitpunkt erreicht, wo sie berechtigt waren, auf Heimaturlaub zu gehen, und jeder Einzelne reichte einen entsprechenden Antrag ein. Der Leutnant hatte die Papiere vorbereitet, die Männer in Reih und Glied aufgestellt und war dabei, die Papiere auszuhändigen. Als Doss an der Reihe war, legte er die Papiere in dessen ausgestreckte Hand.

„Sie haben sich noch nicht an der Waffe qualifiziert, Doss, oder?", fragte er. „Nun ja, es gibt da eine Verordnung, die besagt, dass kein Mann ohne diese Qualifizierung einen Heimaturlaub antreten darf."

Er schnappte sich die Papiere wieder zurück aus Doss' Händen und zerriss sie.

Desmond wandte sich an den Militärgeistlichen und ging sogar zum Oberst des Regiments, aber beide versicherten ihm, dass es nichts gab, was sie für ihn tun konnten. Traurig ging er zum Telefon bei der Verkaufsstelle für Armeeangehörige und wählte die Nummer für ein Ferngespräch, um mit seiner Familie zu sprechen.

„Ich kann nicht nach Hause kommen", sagte er. Es schnürte ihm die Kehle zu, er konnte nicht weiter sprechen. Er steckte wirklich in der Klemme. Er würde seinen Bruder vielleicht nie wieder sehen. Vielleicht würde er keinen seiner Lieben je wieder sehen. So wie sich die Dinge im Moment gestalteten, war nicht auszuschließen, dass er im Gefängnis landete. Er stand da und umklammerte den Hörer, unfähig, etwas zu sagen, während die Sekunden, für die er bezahlt hatte, verstrichen.

„Desmond", rief seine Mutter weinend, „Desmond! Was ist los? Wo bist du? Desmond!"

Schließlich bekam er seine Gefühle wieder unter Kontrolle und konnte die Geschichte erzählen und sein Herz ausschütten.

Als Desmond am nächsten Morgen mit den Armen gerade bis zu den Ellbogen in Laugenseife steckte, erreichte ihn die Nachricht, er solle sich beim Sanitäts-Bataillon melden. Major Steinman wartete schon auf ihn. „Willkommen! Da sind Sie ja wieder!", sagte er.

„Melden Sie sich bei ihrer alten Kompanie", sagte der oberste Feldwebel. „Sie sind jetzt wieder bei den Sanitätern."

„Kann ich einen Heimaturlaub bekommen?", fragte Desmond und erklärte die familiäre Situation. Die Inanspruchnahme eines Heimaturlaubs stand ihm auf jeden Fall zu.

Aber es hatte sich nichts geändert. Desmond würde auf den Heimaturlaub warten müssen. Was er sofort bekommen konnte, war eine Ausgeherlaubnis für drei Tage – das bedeutete dann aber, dass der Heimaturlaub gestrichen war.

„Ich nehme die Ausgeherlaubnis", seufzte Desmond.

Er machte sich sofort auf die Reise nach Hause. Als er ankam, fand er heraus, was im Hintergrund abgelaufen war. Sein Vater hatte sich an Carlyle B. Haynes gewandt, den Vorsitzenden des adventistischen Wehrdienstkomitees in Washington. Haynes hatte daraufhin den Kommandanten des Regiments angerufen, Oberst Stephen S. Hamilton. „Mir ist zu Ohren gekommen, dass es da bei Ihnen einige Schwierigkeiten gibt, Oberst", hatte er freundlich gesagt. „Ist es erforderlich, dass ich vorbeikomme und die Sache untersuche?"

„Oh, nein, absolut nicht", sagte der Oberst. „Was auch immer es ist, wir können die Sache hier vor Ort regeln."

Direkt danach war Desmond zu den Sanitätern zurückversetzt worden. Um jedoch ganz sicher zu gehen, sandte Haynes dem Regimentskommandanten und auch Doss Kopien der bereits erwähnten Dokumente, die von Präsident Roosevelt, dem Oberbefehlshaber, und von General George C. Marshall, dem Stabschef, unterzeichnet waren und in denen bestätigt wurde, dass Kriegsdienstverweigerer keine Waffen zu tragen brauchen.

Desmonds Platz war also nun definitiv im Sanitäts-Bataillon des 307. Regiments, wo er der Kompanie B zugeteilt war. Seine Division befand sich immer noch zur Ausbildung in Indiantown Gap, einem Trainingslager in West Virginia, und trainierte dann weiter im Camp Pickett, ebenfalls in Virginia. Nur mit Khaki-Uniformen bekleidet, fuhr Doss' Einheit in offenen LKWs durch 20 cm hohen Schnee hoch in die Berge von West Virginia.

Während sie dort oben in den Bergen trainierten, trug sich eine scheinbar unbedeutende kleine Episode zu, die aber später in der Schlacht eine große Bedeutung bekommen sollte. Etliche Trainingseinheiten waren dem Ziel gewidmet, bestimmte Knoten zu lernen, die beim Bergsteigen nützlich waren. Durch seine Mitgliedschaft bei den Junioren der „Freiwilligen Missionare" kannte sich Desmond bereits bestens mit Knoten aus, aber er packte mit an und übte genauso fleißig wie die anderen. An einem Tag gab es nicht genug Seile, sodass für Doss keines zum Üben zur Verfügung stand. Zwei Männer teilten sich ein sehr langes Seil, wobei jeder an einem Ende arbeitete. Desmond wusste sich zu helfen und griff sich den Mittelteil, legte das Seil doppelt übereinander und arbeitete damit. Als er an dem Doppelseil einen Seemannsknoten, einen sogenannten Palstek knotete, also eine Rettungsschlinge, die nicht verrutschen kann, entdeckte er, dass sich als Resultat zwei Schlingen gleichzeitig ergaben, die beide sicher hielten. Er hatte das noch nie zuvor gesehen und behielt das einfach im Hinterkopf.

In der zweiten Märzwoche im Jahr 1944 wurde die 77. Division das letzte Mal innerhalb der Vereinigten Staaten verlegt. Gut ausgebildet, in voller Besetzung, mit vorzüglichem Kampfgeist und entschlossen, sich im Kampf zu beweisen, bestiegen die Männer der Division mit der Freiheitsstatue auf dem Rangabzeichen ihre Truppen-Sonderzüge. Diese sollten sie vom Pickett-Lager nach Westen bringen, in Richtung Pazifik, wo die Japaner waren. Dorothy hatte, wie viele andere Ehefrauen, die Erlaubnis erhalten, auf das Kompaniegelände zu kommen, um Abschied zu nehmen. Sie und Desmond hatten sich schon am Abend zuvor in der Privatsphäre des Gästehauses im Lager voneinander verabschieden können. Nun konnten sie sich nur noch in die Augen schauen und sich noch einmal versichern: „Ich liebe dich, ich liebe dich."

Die nächste größere Stadt in Richtung Westen war Lynchburg. Desmond hatte Küchendienst und war gerade dabei, Kartoffeln in einem Gepäckwagen zu schälen, als er plötzlich an bestimmten Orientierungspunkten erkennen konnte, dass sie sich in den Außenbezirken seiner Heimatstadt befanden. Er wusste, dass der Zug recht nahe an seinem Elternhaus vorbeifahren würde. Er wusste außerdem, dass sein Vater gern die Züge beobachtete, wenn sie vorbeifuhren. Desmond trommelte die anderen Männer aus dem Küchendienst zusammen, und jeder schnappte sich einen Scheuerlappen oder einen Besen. Sie stellten sich an dem offenen doppeltürigen Waggoneinstieg auf. Genau wie erwartet sah Desmond kurz darauf die vertraute Gestalt vor dem wohlbekannten Haus auf der Veranda stehen.

„Okay, jetzt!", schrie Desmond, und seine Kameraden winkten mit ihren Besen und Scheuerlappen. Mr. Doss winkte zurück, ohne die leiseste Ahnung zu haben, dass dies sein eigener Sohn war, dem er dort zuwinkte.

Einer Eingebung folgend schnappte sich Desmond eine Papierserviette und kritzelte schnell darauf: „Liebe Mama, lieber Papa. Ich bin jetzt auf dem Weg. Betet für mich."

Er wickelte die Serviette in ein Taschentuch ein, schrieb Namen und Adresse seiner Eltern auf die Außenseite und warf das Päckchen aus dem Zug, in der Hoffnung, dass es jemand finden und seinen Eltern bringen würde. (Tatsächlich geschah das auch, und zwar gleich am nächsten Tag)

Der Zug ratterte weiter durch Lynchburg, dann über eine hohe Eisenbahn-Bockbrücke, einen sogenannten Gerüstpfeilerviadukt, weiter in Richtung Pazifik. Voller Sehnsucht ließ Desmond seinen Blick über die vorbeihuschende Szenerie mit den vielen Kindheitserinnerungen wandern. Zwei Mal an einem Tag Lebewohl sagen zu müssen, hätte wohl jedem Soldaten eine Menge abverlangt. Seine ohnehin schon schlechte Stimmung erreichte jetzt den absoluten Tiefpunkt. Plötzlich überfiel ihn die Angst, dass er seine geliebte Familie nie wieder sehen würde. Der Zug befand sich noch immer auf dem hohen Gerüst der Bockbrücke. Völlig niedergeschlagen, wie er war, schoss ihm ein Gedanke durch den Kopf: Ich könnte genauso gut hier runterspringen.

Aber er wusste etwas Besseres. Desmond griff in seine Tasche und zog seinen kostbarsten Besitz hervor. Es war die Bibel, die Dorothy ihm nach ihrer Hochzeit geschenkt hatte. Sie hatte darin einen Vers unterstrichen, der voller Ermutigung und in dieser Situation genau das war, was er brauchte: 1. Korinther 10,13. Er las den Vers erneut: „Die Prüfungen, denen ihr bisher ausgesetzt wart, sind nicht über ein für uns Menschen erträgliches Maß hinausgegangen. Und Gott ist treu; er wird euch auch in Zukunft in keine Prüfung geraten lassen, die eure Kraft übersteigt. Wenn er euren Glauben auf die Probe stellt, wird er euch auch einen Weg zeigen, auf dem ihr die Probe bestehen könnt." (NGUE)

Dann schlug er die erste Seite auf. Dort hatte Dorothy, bevor sie ihm die Bibel geschenkt hatte, einen Brief an ihn verfasst. Während der Zug gen Westen rollte und jede geräuschvolle Umdrehung der Räder unter ihm ihn weiter und weiter von der Frau, die er liebte, weg trug, las Desmond, wie schon so viele Male zuvor, die Worte, die sie geschrieben hatte.

22. November 1942

Mein liebster Desmond,

Wenn du die kostbaren Verheißungen liest und studierst, die du im Wort Gottes finden kannst – enthalten in dieser kleinen Bibel – dann wünsche ich dir, dass du dadurch gestärkt wirst, was auch immer für schwierige Situationen dir begegnen mögen.

Möge dein Glaube an Gott dir Trost und Herzensfrieden schenken, sodass du nie traurig oder einsam sein musst, egal wie dunkel der Weg auch erscheinen mag.

Sollten wir uns auf dieser Erde nicht mehr wiedersehen, haben wir doch die sichere Zusage, dass wir uns glücklich im Himmel wiedertreffen dürfen. Möge Gott uns dort in seiner Gnade beiden einen Platz schenken.

Deine dich liebende Frau

Dorothy

Desmond Doss schloss seine Bibel und steckte sie zurück in seine Brusttasche, direkt über seinem Herzen. Was für ein wundervoller Brief. Erneut hatte er, wie schon so oft, ihm Mut und Trost gegeben. Mit einem Seufzer machte er sich wieder an seine Kartoffeln, während der Zug an Geschwindigkeit aufnahm. Was jetzt vor ihm lag, war der Krieg.

KAPITEL 3

IM KAMPFEINSATZ!

Es herrschte raue See, und das große Transportschiff stampfte und schlingerte in den stürmischen Wellen wie ein wahnsinniges Meeresungeheuer. Deutlich tiefer gelegen befand sich seitlich das Landungsboot. Es hüpfte auf und ab und wälzte sich ziellos durch die grau-grünen Wassermassen des Pazifik. Prasselnder Regen peitschte in die ungeschützten Gesichter der Männer und auf ihre Regen-Ponchos und Helme herab. Der in der Ferne liegende Küstenstreifen war durch den Regenschleier hindurch kaum sichtbar, und das Heulen des Windes übertönte das Artilleriefeuer und dämpfte das Geräusch der explodierenden Granaten.

„Okay, 2. Zug, fangt an, aufs Landungsboot runter zu steigen!" Leutnant Willis A. J. Munger, ein jugendlich-frischer neuer Offizier, der Leutnant Gornto vorübergehend vertrat, warf sein Bein über die Reling. Die anderen Männer folgten ihm. Jetzt war Doss an der Reihe. Auf dem Rücken trug er sein Marschgepäck, an seinem Gürtel seine Feldflasche und die Schaufel. Über beiden Schultern hing jeweils eine große Leinentasche mit der Erste-Hilfe-Ausrüstung. Mit dem Gewicht von rund 34 Kilogramm Gepäck und dem peitschenden Regen direkt im Gesicht umklammerte er mit verfrorenen nassen Händen die Reling, während das Schiff wie ein bockendes Pferd buckelte und sich aufbäumte. Er tastete mit seinen Füßen nach dem dicken Seil des Netzes, das für die Landung seitlich am Schiff hinuntergeworfen worden war. Er fand Halt und begann, den langen Weg nach unten auf das Landungsboot zu klettern.

„Alle an Bord, Sir!", ertönte eine Stimme. „Leinen los!"

Langsam bewegte sich das Boot vom Mutterschiff weg, und während es stampfend auf den allgemeinen Sammelpunkt zusteuerte, wurde es von den Wellen hoch und runter geschleudert. Erst ging es mit einem Brausen auf-

47

wärts, dann gleich wieder abwärts, sodass sich einem der Magen umdrehte und die Übelkeit hochstieg.

Es dauerte nicht lange, bis selbst die härtesten Männer mit Brechreiz zu kämpfen hatten. Leutnant Munger, der selbst jünger als die meisten Männer unter seinem Kommando war, bemühte sich, seine Würde zu wahren, aber sein Gesicht wurde ganz grün.

Sich jämmerlich und elend fühlend, unter strömendem Regen in einem offenen Boot – das waren die Bedingungen, unter denen Desmond und sein 2. Zug ihrem ersten Einsatz entgegen schipperten. Es war ein hochdramatisches, waghalsiges Unternehmen. Sollten sie erfolgreich sein, würde das die Angriffsspitze der Amerikaner um ganze 1.600 Kilometer tiefer in das von den Japanern besetzte Inselgebiet zwischen Japan selbst und der Inselgruppe der Karolinen verschieben. Das Angriffsziel der 77. war Guam, die größte der Marianen-Inseln, die eigentlich in amerikanischem Besitz war, jedoch kurz nach Pearl Harbour von den Japanern eingenommen worden war.

Seitdem die 77. Division am 1. April 1944 in Hawaii angekommen war – auf den Tag genau zwei Jahre nach Desmonds Einberufung – hatten sie auf diese Operation hingearbeitet, nämlich den Sturm auf eine besetzte Insel. Zu der Vorbereitung gehörte auch, dass alle Militär-Sanitäter mit Waffen ausgerüstet wurden. Die amerikanische Armee hatte die tragische Erfahrung machen müssen, dass die Japaner instruiert worden waren, gezielt die feindlichen Sanitäter ausfindig zu machen und zu töten, da sie annahmen, dass dies den Kampfgeist zerstören würde. Und damit lagen sie absolut richtig. Der befehlshabende Offizier, Oberst Gerald G. Cooney, hatte Doss den Befehl erteilt, eine Waffe an sich zu nehmen. Als dieser sich weigerte, empfahl er, dass Doss zurück in die Staaten befördert werden sollte. Hauptmann Vernon, der befehlshabende Offizier von Kompanie B, konnte im letzten Moment intervenieren, und Desmond verblieb in der Kompanie.

Jetzt, wo sie auf Guam zufuhren, war sich Desmond nicht mehr sicher, ob es wirklich eine gute Idee gewesen war, zu bleiben. Als dann plötzlich das Landungsboot mit der Infanterie an Bord knapp 400 Meter vom Strand entfernt auf ein Korallenriff auflief, löste dies tatsächlich Erleichterung aus. Die Bootsrampe wurde heruntergelassen, und einer der Männer ließ sich behutsam ins Wasser gleiten. Das Wasser ging ihm bis zum Kinn. Als Doss ins Wasser stieg, reichte es bis an seine Achselhöhlen. Einige der kleineren Männer, die zusätzlich durch das Gewicht ihres Marschgepäcks einschließlich Gewehr und Munition niedergedrückt wurden, konnten angesichts der hochschwappenden Wellen und dem langen Weg bis zum Strand nur mit der Unterstützung anderer den Weg zum Ufer schaffen.

Geschwächt durch die Übelkeit und erschöpft durch den anstrengenden Wassermarsch über Hunderte von Metern sammelten sich die Männer von Kompanie B am Strand. Die Leichname der amerikanischen Soldaten, die beim ersten Angriff gefallen waren, waren bereits weggeschafft worden, aber es lagen noch überall die Leichen der Japaner herum. Sie nahmen verdrehte Körperstellungen ein, lagen auf Rücken oder Bauch, in irgendwelchen Schlammlöchern oder daneben. Desmond versuchte, die Leichen nicht direkt anzuschauen. Die Armee hatte sich bemüht ihm einzubläuen, den Feind zu hassen. Aber bei ihm hatten sie damit keinen Erfolg gehabt.

Desmond fragte bei seinen Kumpels Glenn und Dorris nach ihrem Befinden. Auch sie hatten den Strand sicher erreicht. Mit Hauptmann Vernon an der Spitze machte sich die Kompanie auf einen 8 Kilometer langen Marsch, um zu ihrem Lager zu gelangen, wo sie die Nacht im Freien verbringen würden. Der Einsatz schwerer Panzer in Kombination mit dem tropischen Platzregen hatte dazu geführt, dass der Pfad aus aneinandergereihten Schlammlöchern bestand, in die man teilweise hüfthoch einsank. Als sie das Gelände für ihr Lager erreichten, waren die Männer am Ende ihres Durchhaltevermögens. Desmond öffnete die Packung seiner Standard-Marschverpflegung. Er fand ein mit Speck gespicktes Stück Käse vor. Da er kein Schweinefleisch aß, reichte er den Käse an andere weiter, denen der Speck nichts ausmachte. Ihm blieb nichts anderes übrig, als auf den harten geschmacklosen Crackern herumzukauen, die Teil der Ration waren. Die Soldaten nannten sie auch Hundekuchen. Zu dem Marschpaket gehörten auch Zigaretten und Kaffee. Da beides für ihn nicht in Frage kam, warf Desmond die Sachen weg. Wenn auch gut gemeint, war dies ein Luxus, den er sich nicht lange leisten konnte. Er konnte diese begehrten „Genussmittel" nämlich auch gegen einen Hundekuchen oder einen Schokoriegel eintauschen.

Das erste Bataillon der 307. Infanterie, zu dem auch Kompanie B gehörte, wurde in Reservestellung gehalten. Vier Tage lang saßen die Soldaten durchnässt und durchgefroren herum – tagsüber zusammengekauert in ihren Regen-Ponchos, nachts in Erdlöchern zitternd, aus denen pausenlos das

Regenwasser geschöpft werden musste. Ihre grünen Baumwolluniformen wurden gar nicht mehr trocken, und sie hatten durchgängig nasse Füße.

Dann kam der Befehl, das Lager zu verlassen und sich schleunigst auf einen Einsatz zu begeben. Ihr Auftrag war, die schmale Insel Richtung Osten zu durchqueren und von dort gen Norden zum Zentrum von Barrigada vorzustoßen. Man hatte hier etwas von großer Wichtigkeit ausgemacht, nämlich einen Brunnen, der funktionstüchtig war und lebensnotwendiges Wasser spendete. Trotz all des Regens ging den Invasionstruppen der Wasservorrat aus, und es gab nur wenige Brunnen auf dieser Koralleninsel. Es war also wichtig, dass Barrigada eingenommen wurde.

Die Entfernung quer über die Insel betrug 13 Kilometer und noch einmal 8 Kilometer hoch nach Barrigada. Das war allerdings Luftlinie. Die tatsächliche Entfernung, um Berge herum und über sich schlängelnde Dschungelpfade, war um einiges weiter. Auch war das feindliche Gebiet, durch das sie kamen, alles andere als sicher. Um so schnell wie möglich an Wasser zu kommen, stieß der vorauseilende Erkundungstrupp einfach schnurstracks zum Ziel durch, vorbei an japanischen Heckenschützen, Nachhut-Patrouillen und sogar an größeren Ansammlungen feindlicher Truppen. Das Bataillon war als in sich geschlossene Einheit unterwegs. Überall, wo sie durchkamen, befand sich in ihrem Rücken nichts als der Dschungel. Sie waren die letzten, niemand ging hinter ihnen.

Desmond entschied sich, nicht vorn mit zu marschieren, sondern rund zwei Drittel hinter der Spitze des Zuges. Ganz vorn zu sein, würde keinen Sinn ergeben. Er bildete ja nicht nur ein Angriffsziel ersten Grades für den Feind, sondern konnte auch seine Männer von hinten besser im Blick behalten. Allerdings wäre es ebenso unklug, das Schlusslicht zu bilden.

Sie kamen schnell voran. Hin und wieder pfiff ihnen die Kugel eines Heckenschützen um die Ohren, aber niemand im Zug wurde verletzt. Die Männer schauten sehr genau hin, wo sie ihre Füße hinsetzten, und achteten sorgsam darauf, nichts zu berühren. Sie waren gewarnt worden, dass es unterwegs versteckte Sprengfallen gab. Die Japaner präparierten sogar ihre eigenen Toten mit Sprengfallen. Man drehte nichtsahnend einen Leichnam um, und schon explodierte eine Granate.

Aber natürlich würde kein Japaner einen amerikanischen Füllfederhalter verlieren. Einer der Männer sah, wie dort so ein hell glitzernder Stift neben dem Trampelpfad lag. Er war ein unbekümmerter Luftikus, der handelte, ohne groß nachzudenken.

„Hey, schaut mal her", rief er, „ein Füllfederhalter!"

Drei der Männer, die in seiner Nähe waren, hielten an und traten zu ihm, als er gerade den Stift aufhob. Plötzlich wurde der Dschungel von einer Explosion erschüttert. Der Stift hatte die Explosion einer Phosphorgranate ausgelöst. Desmond hörte den Schrei – „Sanitäter! Doss! Doss!" Er rannte nach vorn. Er konnte das verbrannte Fleisch schon riechen, noch bevor er bei den Männern ankam. Weißer Phosphor bleibt an der Haut kleben und löst bei Temperaturen von über 1.500° C schlimmste Verbrennungen aus. Der Mann, der den Stift aufgehoben hatte, hatte die größte Wucht der Explosion abbekommen. Sein Körper war nur noch eine einzige blutige Masse. Die anderen Männer litten unter schweren Verbrennungen und Verletzungen infolge umherfliegender Metallstücke.

Desmond warf seine Erste-Hilfe-Taschen ab und machte sich an die Arbeit. Der Mann, der den Sprengsatz ausgelöst hatte, war in der schlechtesten Verfassung. Er hatte eine Menge Blut verloren, hatte lebensgefährliche Verbrennungen erlitten und befand sich bereits im Schockzustand. Desmond brachte die Blutung zum Stillen und behandelte die Brandwunden. Einer der anderen Männer befand sich ebenfalls in sehr schlechter Verfassung. Desmond behandelte ihn als Nächstes. Der Zustand der zwei anderen war weniger kritisch. Als er mit der Erstversorgung fertig war, waren inzwischen vier Krankenträger eingetroffen, die die zwei schwerverletzten Männer zurück zur Sanitätsstation des Bataillons transportieren würden. Die anderen zwei Verwundeten wurden als gehfähig eingestuft und machten sich auf ihren eigenen Füßen auf den Rückweg.

Erst als alles vorbei war, wurde Desmond bewusst, dass er gerade seine ersten zwei Kriegsverwundeten behandelt hatte. Er war nicht in Panik geraten. Sollten die zwei Schwerverletzten überleben, so wäre dies nur auf sein promptes Handeln und seine effiziente Arbeit zurückzuführen. Bevor er sich aufmachte, um seine Einheit wieder einzuholen, hielt Desmond inne, um Gott dafür zu danken, dass er ihm geholfen hatte, seine Arbeit zu tun.

Desmond holte den 2. Zug noch vor Einbruch der Nacht wieder ein. Sie waren jetzt nicht mehr weit von der Haupttruppe der Japaner entfernt. Unterwegs kamen sie an zurückgelassenen Ausrüstungsgegenständen vorbei und trafen auf Feldlager, in denen die Feuerstellen noch warm waren. In dieser Nacht wurden sieben Japaner bei dem Versuch, in das Kompaniegelände einzudringen, getötet.

Die Männer hatten schon seit Tagen offiziell kein Wasser mehr ausgeteilt bekommen und mussten sich selbst etwas besorgen, wo und wie auch immer sie etwas ergattern konnten. Die Folge war, dass fast alle unter Übelkeit, Kopfschmerzen und Durchfall litten. Sie erlebten am eigenen Leibe, warum es so dringend war, Barrigada einzunehmen.

Schließlich erging der Befehl zum Angriff. Der 2. Zug befand sich direkt im Zentrum der Bataillons-Front und bewegte sich in Richtung einer Wegkreuzung. Sie rasten durch den Dschungel. Plötzlich fing ein Obergefreiter des Aufklärungszugs, Julian R. Perez, zu schießen an. Man konnte hören, wie ein leichtes Maschinengewehr das Feuer eröffnete, und Obergefreiter Angelo B. Pacella ging in Deckung. Leutnant Munger stoppte den Vormarsch und schickte einen Trupp Männer los. Sie sollten das Maschinengewehr von zwei Seiten einkreisen. Sie setzten es außer Gefecht, und der Vormarsch konnte weitergehen.

Die Kampfhandlungen nahmen an Heftigkeit zu. Inzwischen waren mehrere Kompanien beteiligt, und alle ballerten drauf los. Die Japaner erwiderten das Feuer. Doss buddelte sich eine flache Erdmulde und machte sich so klein wie möglich. Er beobachtete einen amerikanischen Soldaten in grüner Uniform, wie er ein Stückchen weiter hinten auf der Straße plötzlich aufsprang und anfing, in geduckter Haltung vorwärts zu rennen. Plötzlich ging er zu Boden und blieb bewegungslos liegen. Wie aus dem Nichts kam ein Offizier angerannt, offenbar der Kompaniekommandant des gefallenen Soldaten, stellte sich über ihn, fuchtelte mit seinen Armen und rief den Namen des Mannes.

Desmond rannte ebenfalls in seine Richtung, aber blieb in geduckter Haltung. Der Soldat lag bewegungslos auf seinem Gesicht, so wie er hingefallen war. Desmond kreuzte ein Bein des Soldaten über das andere und drehte ihn um, sodass er mit dem Gesicht nach oben lag. Die gesamte Brust des Mannes war voller Blut. Hilflos schaute der Hauptmann zu. Desmond zerriss mit beiden Händen die Jacke der Uniform. Ein Granatsplitter hatte ein großes Loch in die Brust des Opfers gerissen.

Der Sanitäter wusste, dass es hier nicht mehr viel für ihn zu tun gab, doch dessen ungeachtet öffnete er seinen Erste-Hilfe-Koffer und nahm das entsprechende Verbandsmaterial für schwere Kriegsverletzungen heraus. Als er gerade dabei war, die Wunde damit zu versorgen, tat der sterbende Soldat seinen letzten Atemzug. Er war tot.

Desmond flüsterte ein kurzes, schnelles, doch hingebungsvolles Gebet, dann rasten er und der Hauptmann schnell wieder in Deckung. Erst nachdem Desmond wieder ins Unterholz des Dschungels gehechtet war und nach Luft rang, wurde ihm bewusst, dass er gerade eben seinen ersten amerikanischen Soldaten verloren hatte.

Vor Barrigada lag eine große Lichtung. Auf der anderen Seite stand eine verlassene grüne Bretterbude. „Dort könnten wir gut in Deckung gehen", sagte Munger. „Lasst uns die Hütte einnehmen."

Munger und Perez rannten tief geduckt im Zickzack über das Feld bis zu der Hütte hin. Die anderen Männer des Zuges folgten in Zweier- und Dreiergruppen. Plötzlich tauchte ein feindlicher Panzer auf, dessen Maschinengewehr vom Panzerturm aus um sich feuerte und Schrecken und Tod verbreitete. Er walzte durch das Dorf und donnerte hinauf zu dem Kommandoposten des Regiments, eine Spur von verwundeten und toten Männern hinter sich lassend. Aus dem 2. Zug waren zwei Männer getroffen worden. Die Japaner fingen an, die grüne Bretterbude unter Einsatz von Granatwerfern und Artillerie total unter Beschuss zu nehmen.

„Jeder der gehen will, kann das tun – ich würde es keinem übel nehmen", sagte Munger zu seinen Männern. „Aber ich halte hier aus."

Die Männer blieben bei ihm. Feldwebel Charles J. Kunze meldete sich freiwillig, um Verstärkung zu holen. Er flitzte wieder über das Feld und gab Hauptmann Vernon einen Bericht über die Situation.

„Sagen Sie Munger, er soll zurückkommen", sagte Vernon. „Diese Bretterbude ist es nicht wert."

Kunze flitzte zurück übers Feld und überbrachte die Nachricht. Während andere Soldaten der Kompanie ihnen Feuerschutz gaben, führte Munger seine Männer wieder aus der Hütte heraus. Er wurde getroffen und ging zu Boden – er war tot. Perez und Kunze wurden verwundet. Aber der japanische Angriff wurde abgewehrt. Am nächsten Vormittag nahmen sie das Dorf ein, einschließlich des Brunnens und eines kleinen Sammelbeckens.

Nachdem die Amerikaner das Dorf unter ihr Regiment gebracht hatten, trugen sie die Toten zusammen und sammelten sie alle an einem Ort. Einige der Eingeborenen aus dem Volk der Chamorro hatten ebenfalls in der Schlacht ihr Leben eingebüßt. Desmond ging in der Nähe des Sammelplatzes für die Leichen vorbei, als er ein schwaches Stöhnen vernahm. Er meinte zu sehen, dass sich einer der Ureinwohner bewegt hatte. Diese Menschen waren den Amerikanern eine große Hilfe gewesen. Desmond ging zu dem Mann und kniete sich neben ihn. Er konnte keinen Puls tasten. Aber als er seinen Finger vorsichtig auf die Halsschlagader legte, konnte er ein sehr schwaches Pulsieren spüren. Der Mann war noch am Leben!

Desmond untersuchte ihn, fand die Wunde und behandelte sie. Daraufhin überprüfte er alle Leichname. Er fand einen weiteren Mann, einen Amerikaner, der noch am Leben war. Desmond ließ beide Männer zur Sanitätsstation des Bataillons bringen. Von diesem Moment an gab er einen Mann erst dann auf, wenn er sich absolut sicher war, dass der Tod wirklich unwiderruflich eingetreten war.

„Hast du mit unseren Männern nicht genug zu tun?", fragte ihn Glenn. „Warum willst du diese Eingeborenen wieder ins Leben zurückholen?"

„Weil es mir nicht zusteht, das Urteil darüber zu fällen, ob eines der Kinder Gottes leben oder sterben soll", sagte Desmond. „Diese Entscheidung muss Gott treffen, nicht ich. Ich glaube, dass ich alles in meiner Macht stehende tun sollte, um jedem Menschen zu helfen und sein Leben zu erhalten."

„Was, wenn derjenige gar nicht lebenstüchtig ist?"

„Nun ja, ich verstehe das so", sagte Desmond. „Jeder, der nicht lebenstüchtig ist, ist erst recht nicht bereit zum Sterben. Könnte einen Menschen ein schlimmeres Schicksal treffen, als zu sterben, weil er es nicht verdient zu leben? Das würde sein Verderben für immer besiegeln. Egal wie böse ein Mensch ist, er verdient es zu leben. Denn nur so kann er die Botschaft von Jesus erfahren und auf diese Weise gerettet werden."

In Barrigada hatte die 307. Infanterie 85 Männer verloren – sie waren durch Verletzungen ausgefallen oder getötet worden. Die katastrophalen Bedingungen wie ständiger Regen, verseuchtes Wasser sowie Schwärme von Fliegen und Moskitos hatten zusätzlich ihren Tribut an Krankheiten gefordert.

Aber der Vorstoß gegen die Japaner ging weiter. Ständig waren verschiedene Spähtrupps im Einsatz, die das Gebiet im Vorfeld der anmarschierenden Truppen sondierten. Wenn sie auf keinen Widerstand stießen, zogen die größeren Truppenteile nach. Trafen sie auf Gegenwehr, so mussten die höheren Ränge entscheiden, wann und in welcher Stärke ein Angriff gestartet wurde.

Wann immer der 2. Zug einen Auftrag als Spähtrupp ausführen musste, ging Desmond mit den Männern mit. Sein alter Freund Feldwebel Howell, einer der älteren Nichtkombattanten an der Sanitätsstation des Bataillons, erfuhr, dass Desmond mit den Fußlatschern auf Patrouille ging.

„Hast du den Verstand verloren, Doss?", wollte er wissen, „es ist nicht deine Aufgabe, dich töten zu lassen. Deine Aufgabe ist es, am Leben zu bleiben, sodass du diesen Männern helfen kannst, wenn sie getroffen werden. Wenn Hauptmann Vernon oder sonst irgendwer dich auf Patrouille schickt, dann sag ihm, dass dies nicht zu deinen Pflichten gehört."

„Es mag nicht meine Pflicht sein", sagte Desmond, „aber es ist Teil dessen, was meine Prioritäten sind. Ich kenne diese Männer; sie sind meine Kameraden. Sie haben Familien, einige haben Frau und Kinder. Wenn sie verletzt werden, möchte ich da sein, um ihnen zu helfen."

Er ging weiterhin mit dem Spähtrupp mit und schlüpfte geräuschlos durch den Dschungel, während er die Männer vor ihm keinen Moment aus den Augen ließ. Er hielt Ausschau nach der kleinsten verdächtigen Bewegung, in ständiger Alarmbereitschaft vor der Gefahr von Sprengfallen und Minen. Wenn der Spähtrupp unter Beschuss geriet und ein Mann getroffen wurde, rückten die anderen Männer zusammen und bildeten einen Schutzwall um Doss, während er Erste Hilfe leistete. Dann machten sie sich alle gemeinsam auf den Rückweg und unterstützten den Verwundeten dabei, wieder in Sicherheit zu gelangen.

Selbst wenn sie nicht auf Widerstand stießen, war der Spähtrupp effizienter, wenn Doss dabei war. Er gab den Männern Zuversicht. Selbst dem mutigsten Soldaten graut es davor, verwundet, allein und hilflos zurückgelassen zu werden und der Gnade des Feindes ausgeliefert zu sein. Denn der Feind kannte keine Gnade. Aber mit Doss an ihrer Seite verflüchtigte sich ihre Angst, denn sie wussten, dass ihr Sanitäter niemanden zurücklassen würde.

Hauptmann Vernon und die anderen Offiziere zählten inzwischen darauf, dass Doss mit den Männern hinausging. Vernon selbst, so mutig und fair wie jeder andere Offizier in der Armee, ging selbst auch mit auf Patrouille und erwartete von seinen Männern mindestens dasselbe.

Dennoch kam es zu Spannungen zwischen dem mutigen Hauptmann und dem mutigen Sanitäter. Hatte ein Mann nur eine leichte Wunde, bei der das Risiko einer Entzündung bestand, oder hatte jemand Fieber oder so starken Durchfall, dass er seine Arbeit nicht tun konnte, beharrte Doss darauf, dass er zur Sanitätsstation des Bataillons zurückkehrte, um sich von einem Militärarzt durchchecken zu lassen. Manchmal kam dieser Soldat dann nicht mehr zurück. Hauptmann Vernon hatte den Eindruck, Doss war überbesorgt. Er selbst würde solange weiterkämpfen, wie er bei Bewusstsein war, und dasselbe erwartete er auch von den anderen Männern.

„Dieser Mann war nicht schwer verletzt", herrschte er Doss eines Tages an. „Den hätten Sie nicht zurückschicken müssen."

„Er brauchte eine umfangreichere Behandlung als ich ihm geben konnte, Hauptmann", erwiderte Doss ruhig. „Ich hatte keine Wahl."

„Ihr Pillendreher verhätschelt diese Männer", sagte Vernon. „Wir führen hier einen Krieg und kein Krankenhaus."

„Hauptmann", sagte Doss, „manche der Männer sind so krank, dass sie mit ihrer Anwesenheit weder Ihnen noch sich selbst nützen. Wenn sie auf Patrouille sind, können sie ihr eigenes Handeln gar nicht einschätzen. Sie sind ein Risiko und könnten etwas tun, das ihren eigenen oder unser aller Tod zur Folge hat."

Gleichzeitig erhöhte sich auch noch aus einer anderen Ecke der Druck auf Doss. „Was muss ich da über Sie hören – dass Sie mit auf Patrouille gehen?", sagte Hauptmann Leo Tann, der Sanitätsoffizier der Sanitätsstation des Bataillons. „Wenn Sie erschossen werden, haben Sie damit niemandem einen Gefallen getan. Überlassen Sie den Spähtrupp den bewaffneten Männern. Sie bleiben auf dem Kompaniegelände, wo Sie hingehören."

Desmond war auf der Sanitätsstation gewesen, um sein Zubehör aufzufüllen. Als er zurück zur Kompanie kam, musste er feststellen, dass sein Zug ausgezogen war. Er brach allein in den Dschungel auf und versuchte sie einzuholen. Er war erst wenige hundert Meter gegangen, als ihn ein anderer Offizier der Kompanie sah.

„Gehen Sie zurück, Doss!", sagte er. „Hier sind überall Japaner."

„Ich versuche doch nur, meinen Zug zu finden", sagte Doss.

„Die sind inzwischen schon ganz weit vorn", sagte der Offizier. „Lebend schaffen Sie das nie. Gehen Sie zurück! Das ist ein Befehl."

Nachdem er wieder auf dem Kompaniegelände angelangt war, überfiel Doss ein mulmiges Gefühl, als ob etwas passieren würde. An diesem Abend betete er in ganz besonderer Weise für seine Männer. Er hatte noch nie versäumt, täglich seine Gebete zu sprechen, an jedem Morgen und an jedem Abend. Er schickte selbst dann ein Dankgebet zum Himmel, wenn er nichts anderes als Hundekuchen zum Knabbern hatte, die er mit faulig schmeckendem Wasser herunterspülte. Allerdings konnte er sich nicht mehr jedes Mal zum Gebet hinknien. An der Front bestand die ständige Gefahr, dass die Japaner die Außensicherung ihrer Kompanie durchbrachen. Die Dienstanweisung lautete, dass auf alles, was sich bewegte, geschossen werden musste. Würde Desmond beim Knien seinen Kopf aus dem Loch strecken, in dem er lag, würde ihm dieser mit hoher Wahrscheinlichkeit weggeschossen werden. Er dachte sich also, dass Gott seine Gebete hören würde, egal ob er stand, kniete oder schlotternd in einem Dreckloch lag.

An diesem Abend bat er Gott, dass er, wenn es sein Wille sei, den Männern des 2. Zuges seinen besonderen Schutz geben würde. Am nächsten Morgen kam Leutnant George M. Black, der den Posten von Leutnant Munger übernommen hatte, mit zwei Männern auf das Kompaniegelände gestürzt. Alle drei waren leicht verwundet worden.

„Ein Sperrfeuer von Artillerie und Granatwerfern hatte uns aufs Korn genommen und feuerte ohne Pause die gesamte Nacht durch", meldete Black. „Etliche unserer Männer sind getroffen worden. Sie müssen versorgt werden."

Desmond warf sich seine Erst-Hilfe-Taschen über die Schulter und sagte: "Ich bin bereit, Sir."

Der Leutnant führte den Sanitäter zusammen mit einem Trupp von Schützen zurück zum Zug. Heckenschützen nahmen sie den gesamten Weg über unter Beschuss. Etliche Männer wurden verwundet, und Desmond behandelte ihre Wunden. Nach dem, was sie ihm über das Sperrfeuer berichtet hatten, wusste Desmond, dass es ein Wunder war, dass überhaupt noch jemand am Leben war. Jedoch hatte aus dem gesamten Zug nur ein einziger Mann sein Leben verloren. Nachdem er den letzten Verwundeten behandelt hatte, neigte Desmond Doss sein Haupt und dankte Gott voller Demut dafür, dass er sein Gebet erhört hatte.

Auf dem Rückweg war er in noch viel stärkerem Maße eine Zielscheibe für die Kugeln der Heckenschützen, da er jetzt einem seiner Männer behilflich war, der wegen einer Beinverletzung humpeln musste. Die zwei kämpften sich zu zweit durch den Dschungel: Der verwundete Soldat hüpfte auf einem Bein, während er sich bei Desmond abstützte, indem er seinen Arm um dessen Nacken geschlungen hatte. Dutzende Male mussten die zwei sich auf den Boden werfen, weil Kugeln durch das Blattwerk pfiffen. Es war ein langer, mühsamer Weg, verbunden mit viel Schmerzen, aber schlussendlich kamen sie sicher auf dem Kompaniegelände an.

Zwei Tage später war die ganze Kompanie wieder beisammen. Erneut ging ein Spähtrupp des 2. Zuges auf Patrouille, diesmal jedoch ohne ihren Sanitäter. Als Hauptmann Vernon erfuhr, dass Desmond nicht mitgegangen war, forderte er ihn auf, er solle hinter ihnen herlaufen und sie einholen. Zu diesem Zeitpunkt war der Spähtrupp schon tief im Wald. Japanische Heckenschützen trieben sich in diesem Gebiet an jeder Ecke herum. Doss wusste jedoch, dass die Ersatzmänner, die neu im Spähtrupp und noch kampfunerfahren waren, sogar noch gefährlicher waren. Sie würden auf alles und jeden schießen.

"Es ist zu spät, um jetzt noch zu gehen, Hauptmann", sagte Desmond. "Wenn die Japaner mich nicht erwischen, tun es die neuen Männer."

„Weigern Sie sich zu gehen?", wollte Vernon wissen.

„Hauptmann, ich würde mich damit selbst dem sicheren Tod ausliefern, und ich habe den Befehl bekommen, dieses Risiko nicht einzugehen."

Vernon explodierte. „Ich werde Sie vor das Kriegsgericht stellen lassen!", schrie er. „Ihr Syphilis-Mechaniker müsst Befehle genauso wie jeder andere entgegennehmen."

Desmond lief rasch zur Sanitätsstation des Bataillons, um Hauptmann Tann über die Situation in Kenntnis zu setzen. Der Sanitätsoffizier wiederum gab die Meldung direkt an das Regimentskommando weiter. Tann hatte mitbekommen, dass Vernon seine Sanitäter mit Begriffen wie Pillendreher und Syphilis-Mechaniker titulierte, und er war verärgert über ihn. Eine Verhandlung vor dem Militärgericht fand nicht statt, und Hauptmann Vernon wurde offiziell darüber in Kenntnis gesetzt, dass Doss seine Befehle vom Sanitäts-Bataillon empfing und nicht von den Offizieren der Kompanie B. Der Vorfall war damit offiziell abgeschlossen, aber Desmond wusste, dass die Geschichte den Hauptmann gewaltig gewurmt hatte.

Es war um diese Zeit herum, dass Desmond seine eigene Erfahrung damit machte, welche Verantwortlichkeit ein Befehl nach sich zog. Das Bataillon war gerade dabei, im Norden Barrigadas vereinzelt auftretende Widerstandsnester auszuheben. Sie waren eine in sich geschlossene Einheit und bewegten sich rasch voran. Wenn sie durch den Dschungel liefen, gab es hinter ihnen keinen mehr.

Plötzlich hörte man Schüsse. Ein Hinterhalt! Vier Männer wurden ernsthaft verletzt. Desmond gelangte als erster zu ihnen und ließ ihnen die Notversorgung zukommen.

Inzwischen war schon fast das ganze Bataillon vorbeigezogen. Was sollte Desmond mit diesen verwundeten Männern machen? Sie waren nicht imstande zu gehen, und er konnte sie auch nicht zurücklassen. Während er sie behandelte, kamen Träger mit Krankentragen vorbei und ließen ihm vier Stück da. Zum Schluss kam die Nachhut. Nach ihnen war niemand mehr zu erwarten, es sei denn vielleicht die Japaner. Die Nachhut stand unter dem Kommando eines Infanteriefeldwebels. Desmond kannte ihn nicht, aber er wusste, dass er robust und kompetent sein musste, sonst wäre ihm nicht eine so verantwortungsvolle Aufgabe übertragen worden. „Ich brauche einige Ihrer Männer, damit sie die Verwundeten tragen", wandte sich Doss an ihn.

„Sind Sie verrückt? Wir hier sind die Nachhut. Ich kann auf keinen Mann verzichten."

„Müssen Sie aber. Denken Sie, ich lasse diese Männer hier einfach zum Sterben zurück?"

„Ich kann das nicht ändern", schnauzte der Feldwebel. „Ich weiß nur, dass ich auf keinen Mann verzichten kann."

Er hatte geschrien, und Doss schrie zurück. „Ich bin Militär-Sanitäter, und das hier ist ein Notfall. Ich befehle Ihnen, mir zu helfen, diese verwundeten amerikanischen Soldaten zu tragen. Wenn Sie das nicht tun, besorge ich mir Ihren Namen und Ihre Dienstnummer, und Sie werden sofort wieder zum Gefreiten degradiert."

„Ich muss den Leutnant fragen. Er ist schon weiter vorn."

„Okay, dann gehen Sie hin und fragen ihn", willigte Desmond ein, „aber lassen Sie ein paar Männer hier, solange Sie nicht zurück sind."

Der Feldwebel rannte den Trampelpfad hoch, dem Leutnant hinterher. Im Dschungel wurde es still. Sie waren nur noch eine Handvoll Männer und die Verwundeten, die alle ziemlich beklommen und ängstlich dreinschauten. Aber der Feldwebel kam tatsächlich zurückgerannt.

„In Ordnung", keuchte der Feldwebel, „der Leutnant sagt, Sie sollen so viele Männer nehmen, wie Sie brauchen, aber machen Sie zackig. Lasst uns hier abhauen."

Jeweils vier Männer ergriffen rasch die Griffe einer Trage und machten sich schnellen Schrittes auf den Weg über den Trampelpfad. Desmond blieb solange bei ihnen, bis er die Opfer – alle noch lebend – der Nachhut vollständig übergeben hatte.

Der Einsatz auf Guam rückte seinem Ende entgegen. Außer Säuberungsaktionen gab es nichts mehr zu tun. Die 77. Division begab sich in ein Feldlager, um sich einerseits ein wenig zu erholen und andererseits, um die neuen Ersatzleute einzuarbeiten. Desmond wurde derweil von Hauptmann Tann zur Sanitätsstation beordert.

„Ich sorge dafür, dass Sie aus Kompanie B versetzt werden", sagte er. „Sie werden ein Krankenträger werden, der von dieser Sanitätsstation aus operiert. Wenn Hauptmann Vernon nicht weiß, was er mit dem besten Kompanie-Sanitäter der Armee anfangen soll, dann kann ich ihm nicht helfen. Ich jedenfalls weiß es."

Desmond packte seine Sachen zusammen und zog in das Sanitäts-Bataillon. Er hatte dort etliche Freunde. Einer von ihnen war ein Krankenträger mit Namen Herbert Schechter. Herb war ein kleiner, stämmiger Kamerad mit schwarz gelocktem Haar. Er war ein ruhiger Mensch, ehrlich und gläubig. Genau wie Desmond hielt auch er den Sabbat, aber als Jude, nicht als Adventist. Die jungen Männer sprachen gern über Religion und hatten ihre Freude daran, dass sie bei vielen weltanschaulichen Fragen sehr ähnlicher Meinung waren.

„Mann, bin ich froh, dich zu sehen!", schrie Herb. „Ich wette, es tut dir nicht leid, nicht mehr bei diesem Haufen zu sein."

„Ich schätze nicht", sagte Desmond. Aber tief drinnen war er sich dessen nicht ganz so sicher. Er hatte das Gefühl, dass er seinen Kameraden, seinem Land und damit auch seinem Gott am besten dienen konnte, wenn er dort oben bei den kämpfenden Männern war. Vielleicht gehörte er einfach dorthin.

Kurz danach starb der Mann, der Doss als Kompanie-Sanitäter ersetzen sollte, überraschend an einer Lungenentzündung. Doss ging zu Hauptmann Tann und bat darum, wieder in die Kompanie B zurückversetzt zu werden.

„Doss, sind Sie verrückt?", fragte der Hauptmann.

„Nein, Sir. Ich würde nur gern zurück zu meinen alten Kameraden gehen."

Hauptmann Tann seufzte und leitete die Versetzung in die Wege.

KAPITEL 4

EIN ARBEITSREICHER SABBAT

H ey, Doss", rief einer der neuen Ersatzleute, „hast du schon das Neuste gehört? Weil wir zwei wirklich harte Einsätze hinter uns haben, werden sie uns bei der nächsten Operation als Reserveeinheit der Reserveeinheiten einteilen. Das klingt doch recht gut, oder?"

Desmond seufzte. Es gab so viele neue Ersatzleute – im Prinzip waren sie eine ganz neue Truppe. Er kannte nicht einmal den Namen dieses jungen Soldaten. „Ja, klingt recht gut", antwortete er. Es machte keinen Sinn, ihm zu erzählen, was nur die alten Hasen wussten. „Reserveeinheit der Reserveeinheiten" klang natürlich irgendwie gut, bedeutete aber in Wirklichkeit, dass die 77. Einheit so lange in der Hinterhand gehalten würde, bis die Situation völlig aussichtslos wäre. Dann würden sie hervorgeholt, um an einem Punkt auf das Schlachtfeld geworfen zu werden, wo der Kampf härter und blutiger nicht sein konnte. Auf diese Art und Weise lief es immer ab. Sie hatten kaum den Feldzug um die zentralphilippinische Insel Leyte zu Ende gebracht, und jetzt mussten sie sich bereits wieder auf den nächsten Kampf vorbereiten.

Desmond konnte nicht umhin, eine gewisse Verbitterung zu empfinden. Schon vor Monaten war ihnen versprochen worden, dass sie auf Neukaledonien eine längere Ruhepause einlegen würden; jetzt waren sie nicht einmal dazu gekommen, die Inselgruppe im Südpazifik zu sehen. Auch sollte er inzwischen die Bronze-Star-Medaille erhalten haben, aber auch davon keine Spur. Selbst wenn er diese höchste militärische Auszeichnung für heldenhaften Einsatz in der Hand hielte, konnte er in seiner Vorstellung nichts anderes mit ihr machen, als sie an eine verdreckte Arbeitsuniform zu stecken.

Kommandant Tann hatte es sich zur Aufgabe gemacht, für seine Männer Beförderungen zu erwirken, und Desmond war jetzt zum Obergefreiten aufgestiegen. Nachdem er nun schon beinahe drei Jahre in der Armee zugebracht hatte, befand er sich jetzt tatsächlich einen Dienstgrad über dem untersten Rang, mit dem er eingestiegen war – neben einer Gehaltserhöhung von 50 auf 54 Dollar monatlich. Wie umwerfend war das denn?!

Im Frühjahr 1945 war jedem Amerikaner im Südpazifik klar, dass von nun an jede weitere Operation ein großer, hart umkämpfter Kampfeinsatz sein würde. Als die Amerikaner immer näher an die japanische Heimat heranrückten, setzten sich die Japaner mit fanatischer Wut zur Wehr. Desmond wusste, dass wo auch immer die nächste Schlacht stattfinden würde, es eine höchst brutale und erbitterte Herausforderung für seine Division und ihn selbst sein würde.

Mit dem Überrest des 1. Bataillons verließ Kompanie B das Feldlager auf Leyte und ging an Bord des Truppentransporters USS Mountrail. Es war das vierte Mal, dass die gesamte Kompanie verlegt wurde. Desmond sah sich um und erblickte einige altbekannte Gesichter an Bord – Hauptmann Vernon und Oberleutnant Gornto natürlich, Oberleutnant Phillips und Oberleutnant Onless C. Brister, welche ebenfalls schon eine ganze Menge Gefechte gesehen hatten. Es gab in der Kompanie noch zwei weitere Leute aus Virginia, die er gut kannte, William S. Carnes und Lewis R. Brooks, und natürlich seinen Sanitäter-Kumpel Jim Dorris. Manche der Unteroffiziere, wie Feldwebel Kunze, hatten aufgrund herausragender Leistungen auf dem Schlachtfeld direkte Beförderungen erfahren und waren als höhere Offiziere in andere Kompanien versetzt worden. Auch verschiedene Gefreite und Obergefreite waren befördert worden. Joseph R. Potts, Charles C. Edgette und Clarence O'Connell waren nun Feldwebel und auf dem Weg zu noch höheren Rängen. Oberfeldwebel John Maholic, immer schon einer der beliebtesten Männer in der Kompanie, hatte sich immer wieder und wieder in der Schlacht bewährt und war einer der angesehensten Männer in der Truppe, und von allen der populärste.

Aber höher als die Anzahl derjenigen, die wieder dabei waren, war die Zahl der fehlenden Gesichter. Glenn und Schechter und andere – Desmond schob diese Gedanken schnell von sich. Solche Erinnerungen waren gefährlich. Der Transporter schipperte gen Norden und immer weiter nordwärts, bis es schien, als ob jetzt direkt hinter dem Horizont Japan liegen müsste. Am 23. März dann, gegen Ende des Tages, tauchte eine große Insel auf. Es war

Okinawa, Teil der Ryukyu-Inselgruppe, nur knapp über 800 Kilometer von der südlichsten Insel Japans entfernt. Es war eine allgemein bekannte Tatsache, dass die Insel bis an die Zähne bewaffnet war und von einer großen Zahl der besten feindlichen Truppen verteidigt wurde.

Andere Einheiten der 77. wurden in andere Operationen auf den kleineren Inseln in der Umgebung Okinawas mit einbezogen, die vergleichsweise von geringerer Bedeutung waren. Kompanie B verließ das Schiff noch nicht, musste sich aber dafür ununterbrochen mit einem eigenen Krieg ganz anderer Art auseinandersetzen. Genau zu dieser Zeit hatten die Japaner angefangen, Kamikaze-Flieger einzusetzen, deren Selbstmordpiloten ihre Bomber gezielt in feindliche Objekte lenkten. Die Mountrail stand unter ständigem Beschuss. Einmal schoss das Schiff innerhalb einer Zeitspanne von nur 5 Minuten drei japanische Flugzeuge ab. Die Mountrail mit ihrer „Reserveeinheit der Reserveeinheiten" an Bord verblieb fast einen ganzen Monat in den Gewässern vor der Küste Okinawas, wo sie gegen ganze Schwärme anfliegender Kamikaze-Flieger ankämpfen mussten. Als dann die Männer des 307. Regiments aus dem 1. Batallion erfuhren, dass sie das Schiff verlassen und in die Schlacht ziehen würden, nahmen sie die Nachricht fast mit Erleichterung auf.

„Es muss wohl ziemlich schlimm sein, sonst hätten sie uns nicht so bald gerufen", schlussfolgerte einer der Männer.

„Es ist immer schlimm", antwortete Desmond. „Aber mit Gottes Hilfe werden wir es schaffen."

Sobald sie an Land waren, hörten die Männer ziemlich schnell mehr über die mörderischen Details jenes Feldzugs, die schwer nachzuvollziehen und eine wahre Tragödie waren. Die Japaner hatten den Einheimischen eingeredet, dass die Amerikaner sie foltern und abschlachten würden. Voller Horror mussten junge Amerikaner mit ansehen, wie eingeborene Mütter erst ihren Kindern und dann sich selbst die Kehlen durchschnitten, als sie die amerikanischen Soldaten näherkommen sahen. Eine tollwütige Hysterie erfasste die gesamte Zivilbevölkerung auf der Insel, und wie im Wahn schlachteten sie sich gegenseitig ab und töteten sich selbst.

Die Ureinwohner Okinawas begruben ihre Toten in großen Höhlen, die an den Eingängen durch seltsame, kunstvolle Verzierungen kenntlich gemacht waren. Auf dem Marsch zur Front machte die Kompanie B für die Nacht an einer Stelle Halt, die unmittelbar vor der Kampfzone lag. Es war eine verwüstete, umkämpfte Gegend mit zusammengeschossenen Panzern und zerstörten Hütten. Während sich die Männer für die Nacht eingruben, bemerkte Desmond eines der merkwürdig aussehenden Gräber im näheren Umkreis ihrer Kompanie und trat durch den Eingang. Drinnen war es dunkel und feucht und ein schwerer, süßlicher Geruch hing in der Luft.

Im hinteren Bereich der Höhle standen etliche große Urnen aus Ton; Desmond schaute in eins der Tongefäße hinein. In dem schummrigen Licht der Höhle konnte er ein Skelett erkennen. Desmond überlegte sich, dass dies wahrscheinlich der letzte Ort wäre, den ein Japaner betreten würde. Also legte er sich zur Nacht in der Gruft nieder. Kaum hatte sich die Dunkelheit ausgebreitet, als ihm schlagartig klar wurde, dass er einen kolossalen Fehler begangen hatte. Er war allein und unbewaffnet. Sollten die Japaner hier eindringen, wäre er ihnen wehrlos ausgeliefert. Schlimmer noch: Er konnte die Höhle nicht mehr verlassen. Wenn er mitten in der Nacht aus diesem Grab herausgekrochen käme, würde er von seinen eigenen Männern zusammengeschossen werden. Es war eine lange Nacht, und reumütig bekannte Desmond seinen Kameraden am nächsten Morgen, dass er mehr gebetet als geschlafen habe.

Bevor die Soldaten am nächsten Morgen zu ihren Stellungen vorrückten, erklärte Hauptmann Vernon der Kompanie die geographischen Einzelheiten. Das Feldlager befand sich auf einem schmalen südwärts gerichteten Gebirgskamm. Die amerikanischen Streitkräfte hatten eine Trennungslinie geschaffen, die mitten durch die Insel ging, und die Amerikaner arbeiteten sich von dort aus nach Süden vor. Die Japaner hatten sich hauptsächlich im Süden verschanzt, und ihre Hauptstreitkräfte besetzten die zerklüfteten Kalksteinhügel im südlichen Inselteil.

Am andern Ende des mit Felsbrocken übersäten Tals erhob sich ein weiterer braun-felsiger Gebirgskamm, der als Steilhang von Maeda bekannt war. Im Volksmund wurde der Steilhang auch als „Hacksaw Ridge" bezeichnet, zu Deutsch „Metallsägen-Kamm". Seine Hänge erhoben sich schroff über dem Tal und waren von gewaltigen Gesteinsbrocken bedeckt. Im oberen Bereich ging der Hang in eine nahezu senkrechte Felswand über, die zwischen 10 bis 15 Meter hoch war. Dieser Steilhang von Maeda beherrschte die gesamte Inselbreite, man konnte alles überschauen. Von diesem Punkt aus konnten die Japaner die Aktivitäten der anrückenden Streitkräfte über die gesamte

Küste hinweg sowie über viele Kilometer landeinwärts überblicken. Dieser Steilhang musste unbedingt eingenommen werden.

Hauptmann Vernon informierte die Männer über die Lage: „Auf dem Gipfel dieses Hügels und dahinter hat der Feind einen ganzen Komplex von Bunkern, Befestigungen und Geschützstellungen errichtet. Zwei Divisionen sind völlig zerschlagen worden bei dem Versuch, diesen Hügel einzunehmen. Nun liegt es an uns. Wir werden vorrücken und am Fuße der Felswand Stellung beziehen. Von dieser Position ausgehend werden wir die Situation analysieren und unsere Pläne schmieden.“

Die Männer sahen sich gegenseitig an. Kompanie B hatte bereits einige gefährliche Missionen unternommen, aber nichts war mit dieser hier vergleichbar. Einige der Männer schauten Desmond an. Er bemühte sich, beruhigend zu wirken und Zuversicht auszustrahlen. Er wusste, wie wichtig seine Person für ihre Moral und ihren Kampfgeist war. Ein guter Sanitäter konnte den Unterschied zwischen Leben und Tod ausmachen, und Desmond Doss hatte sich als ein guter Sanitäter erwiesen, immer wieder und wieder.

Ganz früh am Morgen, noch im Schutz der Dunkelheit, rückte die Kompanie in ihre neue Stellung am Fuße der Felswand vor. Dort lagen etliche große Felsblöcke übereinander getürmt, wodurch sich Felsspalten und überdachte Höhlen gebildet hatten. Unter dem Schutz der Felswand schien diese Kompaniestellung einigermaßen sicher zu sein.

An jenem Nachmittag nahmen Oberleutnant Gornto und Unteroffizier Potts die Felswand näher in Augenschein und untersuchten, an welcher Stelle man sie am besten erklimmen konnte. Vorsichtig kletterten sie nach oben, spähten auf dem Gipfel in geduckter Haltung in die Runde und verschafften sich einen Überblick. Sie konnten etliche Bunker aus Stahl und Beton sowie Geschützstellungen ausmachen. Daraufhin orderten sie beim Bataillonskommando Seil-Ausrüstungen, sowie eine große Menge an Gerätschaften für Abbruch-Operationen und Flammenwerfer. Am nächsten Tag wollten sie den Steilhang angreifen.

Bei Tagesanbruch standen die Abteilungen von Potts und Edgette bereit. Desmond war auch unter ihnen. Er wusste, dass sie ihn dabei haben wollten. Er war ängstlich, aber gleichzeitig auch neugierig. Er hatte einen japanischen Feldstecher erbeutet, den er sich um den Hals hängte. Wenn der Ausblick von der Spitze des Steilhangs wirklich so großartig war, dann wollte er ihn genießen!

Einer nach dem anderen erstiegen sie mühsam die Felswand. Oben angekommen blieben sie der Länge nach hingestreckt liegen, krochen bäuchlings
herum und sammelten lose Gesteinsbrocken ein – es gab Hunderte davon.
Sie schoben die Felsbrocken vor sich her und erbauten daraus ein bis zwei
Meter von der Kante der Felswand entfernt eine Art Steinwall, der zu ihrem
Schutze diente. Sie sicherten das eine Ende eines Seils an einem Felsblock und
warfen das andere Ende für die nachrückenden Truppen über die Felswand
nach unten. Eine weitere Abteilung nutzte jetzt dieses Seil zum Hochklettern,
und es erleichterte den Aufstieg deutlich. Indem sie sich niederkauerten, und
nur eine geringe Angriffsfläche boten, schaffte es die kleine Truppe, sich nicht
als Ziel zu präsentieren. Dadurch vermieden sie, den Kugelhagel feindlicher
Handfeuerwaffen auf sich zu ziehen. Es gab keine Arbeit für Desmond zu
tun. Er rutschte bäuchlings so weit herum, dass er den Blick in Richtung
Norden schweifen lassen konnte. Die militärische Bedeutung des Steilhangs
wurde ihm sofort mehr als deutlich. Zur Rückseite des Hügels hin konnte er
im Detail alle Aktionen des amerikanischen Militärs überschauen. Beim Blick
über die Küste hinaus erkannte er vor Anker liegende Transportschiffe und
Landungsboote, die Nachschub anlieferten. Plötzlich schoss eine gewaltige
Wasserfontaine ganz in der Nähe eines dieser Boote empor, als eine japanische
Granate explodierte. Sie waren dort unten leichte Beute für die Feinde.

Wumm! Von der anderen Seite des niedrigen Steinwalls kam der Knall
einer Explosion. Und dann noch ein Knall und noch einer, diesmal vom Fuße
der Felswand hinter ihnen. Desmond hatte dieses Knallgeräusch schon mal
gehört.

„Mörser!", schrie er. „Knie-Mörser!"

Knie-Mörser konnten in solch einem Neigungswinkel abgefeuert werden,
dass die Granaten beinahe senkrecht von oben herabfielen. Der kleine Steinwall bot keinen Schutz gegen eine Mörser-Attacke. Die Japaner waren dabei,
sie aufs Korn zu nehmen; es war nur eine Frage von Minuten.

„Zieht euch zurück", erging der Befehl. „Seht zu, dass ihr die Felswand
wieder runter kommt."

Hauptmann Vernon meldete den Rückzug an das Bataillon und erhielt
den Befehl, den Angriff am nächsten Tag fortzuführen. Kompanie A sollte ebenfalls angreifen, zur Linken, von einer höheren Stelle des Steilhangs
aus. Drei große Frachtnetze von der Sorte, wie sie auch zur Ausschiffung von

Passagieren über die Seitenwand eines Schiffes geworfen werden, wurden ihnen vom Bataillon geliefert. Kleine Holzteile wurden verwendet, um diese drei Frachtnetze zu einem einzigen großen strickleiterartigen Netz zu verketten.

Als der Morgen dämmerte, rief Oberleutnant Gornto Doss zu sich. „Sie waren recht gut beim Knoten im Gebirgstraining", erinnerte sich Gornto. „Wie wäre es, wenn Sie uns dabei helfen, diese Netze am Felswandgipfel zu verankern?"

„Jawohl, Sir", erwiderte Doss. Er und einige andere Männer erklommen die Felswand, an ihren Gürteln mit Seilen gesichert. In gebückter Haltung fixierte Desmond das Ende seines Seils an einem großen Felsblock. Dann zogen sie das Netz hoch und befestigten es. Die gesamte Mannschaft konnte nun wie ein Schwarm gleichzeitig die Felswand erklimmen. Nachdem alle Vorbereitungen getroffen waren, stiegen Desmond und die anderen Männer an den Netzen wieder hinunter.

Gornto sollte den Angriff anführen. Das hauptsächliche Angriffsziel bildete ein riesiger Bunker, der einige Meter von der Kante des Steilabhangs entfernt lag. Von diesem gut gesicherten, günstigen Angriffspunkt aus war es den Japanern möglich, das gefährliche Mörser-Feuer auf sie herabregnen zu lassen. Gornto sammelte einen Trupp mit den tapfersten Veteranen um sich, wobei er als erstes die drei Unteroffiziere Potts, Edgette und O`Connell auswählte. Desmond meldete sich freiwillig.

„Dies wird eine gefährliche Mission, Doss", gab Gornto zu bedenken. „Sie müssen nicht mitgehen."

„Ich denke, ich sollte mitgehen, Oberleutnant", sagte Doss, „ich könnte gebraucht werden. Aber, Oberleutnant, ich würde Sie gern um einen Gefallen bitten, bevor wir gehen."

„OK, Doss, worum geht's?", fragte Gornto.

„Sir, ich glaube, das Gebet ist der größte Lebensretter, den es gibt. Ich glaube, jeder Mann sollte ein Gebet sprechen, bevor er seinen Fuß auf die Strickleiter setzt, um die Felswand hochzusteigen."

Was Desmond meinte, war, dass jeder Mann die Gelegenheit haben sollte, ein stilles Gebet für sich selbst zu sprechen. Gornto allerdings trommelte die Truppe von Männern zusammen und erzählte ihnen, dass Doss für sie alle ein Gebet sprechen würde. Desmond war innerlich gar nicht darauf vorbereitet, ein offizielles, öffentliches Gebet zu sprechen, aber er ließ sich durch diese mangelnde Vorbereitung nicht aufhalten. Er ging nach vorn und sprach einfach nur laut aus, was ihm in dem Moment auf dem Herzen lag.

„Unser himmlischer Vater", betete Desmond, „bitte schenk unserem Oberleutnant Weisheit und Verständnis, so dass er uns die richtigen Befehle erteilen kann, denn die Verantwortung für unser Leben liegt in seiner Hand. Bitte gib jedem einzelnen von uns die Weisheit und das Verständnis, wie wir alle notwendigen Sicherheitsvorkehrungen treffen können, so dass, wenn es deinem Willen entspricht, oh Herr, wir alle lebend zurückkehren dürfen. Und weiterhin bitten wir dich, wenn es hier irgendjemanden gibt, der – wenn er stirbt – nicht vorbereitet ist, seinem Schöpfer zu begegnen, dass er jetzt die Gelegenheit nutzt, sich im persönlichen Gebet darauf vorzubereiten, bevor er die Felswand erklimmt. Wir bitten dies alles im Namen Jesu."

Die Auszeit für den Kampf am Steilhang wurde noch um einige weitere Augenblicke verlängert, während die Männer still da standen, ohne sich zu rühren. Desmond war überzeugt, dass jeder einzelne betete, selbst jene, die noch nie in ihrem Leben gebetet hatten. Dann wandten sich alle voller Zuversicht und fast schon unbekümmert den Frachtnetzen am Fuße der Felswand zu, und signalisierten der Kompanie A im Westen, dass sie den Angriff nun starten würden. Die Mitglieder der Selbstmordtruppe erklommen die Felswand – mit ihren Sanitätern an den Fersen – und bewegten sich dann ohne Zögern über die Hügelkuppe auf den feindlichen Bunker zu.

Von zwei Panzern, knapp tausend Meter hinter ihnen, kam ein koordiniertes Feuer, mit dem sie den Bunker eindeckten. Es erzielte keinerlei Wirkung. Nun winkte Gornto den Gefreiten Norman Black herbei, er solle mit seiner Bazooka, einer raketengetriebenen Panzerabwehrwaffe, hochkommen. Black feuerte mehrere Male. Die Explosionen legten seitlich an der Betonkuppel eine Öffnung frei. Unter dem Flankenschutz zweier Grenadiere mit automatischen Waffen rannte einer der Männer vor, und warf eine geballte Ladung Sprengstoff in das Innere des Bunkers. Schwere Holzbalken, die offensichtlich einen Teil der Befestigungsanlage gebildet hatten, flogen wie Streichhölzer in die Luft. Ein Soldat drang mit seinem Flammenwerfer vor, und dirigierte die volle Wirkung der Flammstöße direkt in die klaffende Öffnung.

Es bot sich hier kein weiterer Widerstand, und so rückte die gesamte Angriffstruppe vor. Alles, was sie sahen, war ein großes Loch; die Seiten waren eingestürzt und bedeckten nun alle Öffnungen, die vorher da gewesen sein mochten.

Unter dem Schutz eines auf dem Bunker montierten leichten Maschinengewehrs rückte Gortons Abteilung weiter über die Hügelkuppe vor. Sie jagten weitere Bunker der näheren Umgebung in die Luft. Nun begannen die Japaner hinter der Hügelkante damit, Handgranaten auf die vorrückenden Amerikaner zu werfen. Die Männer an der Spitze der Truppe warfen Handgranaten zurück. Eine wütende Schlacht entbrannte.

Desmond hatte sich in einem Loch hinter dem Steinwall verkrochen und machte sich ganz klein. Den Männern ganz vorn gingen die Granaten aus und sie schrien, man solle von unten Nachschub hochreichen. Eine Box voller Granaten tauchte plötzlich an der Hügelkuppe auf.

„Reich sie weiter", rief der Soldat, der sie hochgetragen hatte. Desmond schaute über den Steinwall. Der nächste Mann war einige Meter entfernt. Wenn dieser zum Steinwall zurückgehen müsste, über den Wall kriechen, die Granatenbox hochheben und damit wieder zurückkriechen, würde er bei diesem ganzen Hin und Her das perfekte Angriffsziel bieten. Sein Leben wäre auf dem Spiel, und die Soldaten wären ohne Granaten. Und damit wäre auch ihr Leben auf dem Spiel.

Desmond hob die Box mit den Granaten hoch und reichte sie weiter über den Wall. Das war das erste und einzige Mal, dass er eine tödliche Waffe berührte.

Während dieser ganzen Zeit war es Kompanie A nicht gelungen, zu der ihnen zugewiesenen Stellung vorzudringen. Die ersten fünf Männer, die die Kuppe der Steilwand erreichten, waren sofort getötet worden.

Im Gegensatz dazu hatte die Angriffstruppe der Kompanie B ein großes Areal auf der Höhe des Steilhangs erobert. Gornto und Desmond sahen sich um, ob irgendwelche Verwundeten Hilfe benötigten, oder ob Gefallene zu beklagen waren. Aber es gab keine. Innerhalb des gesamten heftigen Kampfgeschehens war in der Truppe von Kompanie B nur eine einzige Verletzung aufgetreten. Unteroffizier O´Connels Hand war von einem umherfliegenden Gesteinsbrocken getroffen worden!

Dies war unglaublich – für alle außer Desmond. Hatte er nicht gebetet?

Hauptmann Vernon sandte den 3. Zug hinauf auf den Steilhang, damit sie die Sturmtruppe des 2. Zuges ablösten. Desmond blieb oben. Er hatte das Gefühl, dass er gebraucht würde – und er wurde gebraucht. Das Ende dieser wundersamen Schonzeit, in welcher eine große Gruppe von Männern unter dem Hagel der japanischen Kugeln und Granaten ohne ernsthafte Verletzungen operiert hatte, war gekommen. Es schien, als ob durch das Gebet Desmonds ganz speziell eine bestimmte Gruppe von Männern eine gewisse Zeit lang geschützt worden war. Nun war jene Gruppe in die Sicherheit zurückgekehrt, und die Schonzeit war abgelaufen. Immer wieder und wieder war der Schrei „Sanitäter" zu hören, und Desmond kroch kreuz und quer über die Hügelkuppe, um sich um die Verwundeten zu kümmern. Danach half er ihnen, bis zur Felswandkante und mithilfe des Frachtnetzes wieder nach unten zu gelangen.

Die Nacht kam, aber sie brachte keinen Frieden und keine Stille. Das japanische Artillerie- und Mörserfeuer verstärkte sich. Kurz nach Mitternacht stürmte eine große Gruppe Japaner auf die Männer am Steilhang zu und bewarf sie mit Granaten. Dann kam es zum Nahkampf – Mann gegen Mann. Die Amerikaner wurden gezwungen, sich über den Steilhang nach unten zurückzuziehen. Mittlerweile tauchten die Japaner auch plötzlich am Fuße der Felswand auf. Aus allen Löchern und Spalten kamen sie hervorgekrochen. Zum ersten Mal realisierte die Kompanie, dass das Höhlensystem des Hügels sich bis in ihren eigenen Bereich ausweitete. Der Feind war direkt unter ihren Füßen!

Als nach einer stürmischen Nacht endlich der Morgen dämmerte, hatte Desmond Doss 18 Männern Hilfe geleistet, einschließlich Potts und Edgette. Oberleutnant Brister stand unter Schock. 4 der 18 Männer waren tot. Einer von ihnen war ein Sanitäter der Kompanie, der gerade neu als Ersatz dazugestoßen war. Während der Nacht war er aus seinem Loch hochgekommen, um nach seiner Feldflasche zu langen, und ein Schuss war direkt durch seinen Kopf gegangen.

Aber sobald der Morgen graute, ließ Hauptmann Vernon seine Männer wieder anrücken, um das Gebiet, das während der Nacht verloren gegangen war, zurückzuerobern. Erneut begleitete Desmond die Männer. Seine Einsätze kamen Schlag auf Schlag. Ein Oberleutnant leitete mit drei Männern einen Überraschungsangriff auf eine feindliche Stellung. Der Oberleutnant holte gerade mit der Hand aus, um eine Granate zu werfen. In dem Moment traf ihn eine Kugel, wodurch die Wurfbewegung unterbrochen wurde. Die Granate ging hoch und riss ihm die Hand ab, während die drei anderen Männer ebenfalls Verletzungen erlitten. All dies geschah direkt vor Desmonds Augen.

Eine kurze Sekunde reichte, und er hatte im Kugelhagel auf der Hügelkuppe vier Männer zu versorgen.

Er kniete sich mitten unter sie. Über seinen Kopf hinweg warfen die Männer hinter ihm Granaten in die japanischen Kampflinien. Als sie Desmond dort knien sahen, wurde von Mund zu Mund unter den Kämpfenden die Nachricht weitergereicht, besonders vorsichtig zu sein. Der Granatenhagel kam zum Stillstand. Die Japaner begannen, über die Hügelkuppe zu spähen, um zu sehen, was die Feuerpause verursachte.

„Nicht aufhören!", schrie Desmond seinen Männern zu. „Weitermachen!"

Die Kameraden begannen wieder, Granaten über seinen Kopf hinweg in beide Richtungen zu werfen, wodurch sie die Japaner in Schach hielten, sodass er seine Notversorgung beenden konnte. Er musste den Unterarmstumpf des Oberleutnants abbinden, um die starke Blutung zu stoppen, sowie weitere Blutungen aus anderen Wunden stillen. Und auch die Verletzungen der drei anderen Männer mussten mit Verbandmaterial versorgt werden. Zwei von den Männern konnten selbständig robben, und Desmond wies sie an, sich aus eigener Kraft zurückzuziehen. Dann packte er den Leutnant beim Kragen und schleifte ihn langsam, Stück für Stück, zur Felswandkante zurück, immer nur ein paar Zentimeter auf einmal. Ein Fußsoldat kam herbeigerannt und half dem vierten Soldaten zurück zur kämpfenden Truppe.

Am Abhang des Hügels zusammengekauert beobachtete Desmond kurze Zeit später, wie ein Kamerad aus der eigenen Truppe den Eingang zu einer von den Japanern besetzten Höhle unter Beschuss nahm. Der Mann feuerte einige Schüsse in die Höhle ab, griff dann nach seiner Rucksackladung und wollte den Sprengsatz gerade in die Höhle wuchten. In dem Moment, wo das Paket aus seiner Hand flog, traf ihn eine Kugel. Desmond konnte beobachten, wie die Zähne des Mannes aus seinem Mund flogen.

„Gebt mir Deckung!", schrie Desmond zwei Fußsoldaten zu, die sich direkt hinter ihm Zentimeter für Zentimeter vorkämpften. Während sie in die Höhle feuerten, rannte Desmond zu dem Verwundeten, riss sein Hemd auf und entdeckte ein Loch in seiner Brust, aus welchem das Blut nur so hervorströmte. Er klatschte einen dicken Verband darauf. Der Soldat war bewusstlos, aber Desmond nahm ihn hoch, und legte den Arm des Soldaten über die eigene Schulter. Indem er diesen Arm des Verwundeten mit einer Hand fest umklammerte und mit der anderen Hand dessen Hüfte umschlang, konnte er den Verwundeten mitschleppen, während er zu seiner eigenen Kampflinie zurückrannte. Sie erreichten tatsächlich die Kante der Felswand. Aber es war ein vergebliches Unterfangen gewesen. Der Soldat war tot.

„Sanitäter, Sanitäter!", ertönte ein Schrei. Desmond blieb keine Zeit zum Trauern. In eine Maschinengewehr-Stellung weit oben auf dem nach links liegenden Hügel war eine Granate gefallen. Desmond machte sich so klein wie möglich und rannte im Zick-Zack zum Ort des Geschehens. Von einem der Männer war nicht mehr viel übrig, nur noch die vom Körper abgetrennte Hand, die noch immer das Maschinengewehr umklammerte. Bei dem anderen Mann war der Unterschenkel durch die Sprengladung abgerissen worden. Sein Oberschenkel war bereits angeschwollen. Desmond legte einen Druckverband an und band das Bein ab. Dann begann er den Maschinengewehrschützen zum nächst gelegenen Punkt oberhalb der Steilwand zu ziehen. Eine tiefe Schlucht durchkreuzte seinen Weg. An der einen Seite der Erdspalte lehnte eine Holzleiter. Desmond griff nach ihr und legte sie als Brücke über die Schlucht. Sie reichte gerade bis auf die andere Seite.

Ein Schütze beobachtete ihn aus einem Granattrichter heraus. „Hilf mir!", rief Desmond. Seine Stimme klang halb bittend, halb befehlend. Der Soldat kam ihm zu Hilfe. Desmond betrat rückwärts die Leiter, während er den Verwundeten an Kopf und Schultern zog. Der Soldat folgte ihm und half, so gut er konnte. Die Leiter war alt und wackelig. An zwei Stellen hatte sie bereits alte Bruchstellen, die repariert worden waren. Die Leiter bog sich durch und knackte und knarrte, aber Desmond ging weiter, und sein Helfer folgte ihm. Die Leiter hielt stand, und sie konnten den Mann in Sicherheit bringen.

Ein Tag nach dem anderen verging, und das Kämpfen hielt unvermindert an. Die Nächte waren genauso schlimm. Oben am Steilhang bombardierten die Japaner sie mit einem konstanten Granaten-Sperrfeuer und konnten immer wieder Vorstöße machen. Unten am Fuß der Felswand war es sogar noch gefährlicher. Manchmal suchten sich die Männer eine Felsspalte, krochen hinein, verbarrikadierten den Eingang und sanken vor lauter Erschöpfung in ein Koma. Hinter ihrem Rücken schlichen sich dann lautlos Japaner heran, die aus einer anderen Spalte im hinteren Teil der Höhle hervorgekrochen kamen, und schnitten den Amerikanern die Kehle durch, während diese schliefen.

Eine noch größere Gefahr allerdings stellte das endlose Trommelfeuer von Mörser-Granaten dar. An einigen Stellen war der Felsen am Fuß der Steilwand durch Erosion ausgehöhlt worden, und der dadurch entstandene Überhang bot einen exzellenten Schutz. An einer dieser Stellen türmten sich zusätzlich einige Felsblöcke vor dieser Aushöhlung auf und bildeten einen zusätzlichen Schutzwall.

Eines Nachts teilte sich Desmond diesen höhlenartigen Zufluchtsort mit einem Schützen aus dem 2. Zug. Er bemerkte ein großes Loch in der Rückwand der Spalte, aber es schien nirgendwo hin zu führen. Trotzdem entschieden sie, dass es weise wäre, wenn einer wach blieb, während der andere schlief, und sie sich alle 2 Stunden abwechselten. Desmond schob als erster Wache und lehnte sich mit dem Rücken an die Höhlenwand. Nach einigen Minuten hörte er ein Rascheln, dann ein Flüstern. Die Geräusche kamen aus dem Loch – und das Flüstern war auf Japanisch! Er weckte den Soldaten, mit dem er die Höhle teilte, und flüsterte ihm zu: „Horch mal!"

„Aja", murmelte der Soldat und fing wieder an zu schnarchen. Desmond lag wach und traute sich kaum zu atmen. Er lauschte auf die mysteriösen Geräusche von dem unsichtbaren Feind, der nur wenige Meter entfernt war.

Als es Zeit für den Schichtwechsel war, weckte Desmond den Schützen ein zweites Mal. Innerhalb von fünf Minuten war der Kamerad wieder am Schnarchen. Und wieder war das ominöse Rascheln von unten zu hören.

Die ganze Nacht versuchte Desmond, seinen Partner dahin zu kriegen, seine Wache zu übernehmen. Er versprach es ihm, aber dann blieb er keine zwei Minuten wach. Desmond versuchte ihn dahin zu bewegen, dass sie die Plätze tauschten. Dann würden die Japaner, falls sie aus dem Loch kämen, zumindest als erstes auf die schlafende Wache stoßen. Aber obwohl er sich halb im Koma befand, war der Soldat zu schlau, um einem Positionswechsel zuzustimmen.

Der schlafende Soldat hatte zwei Handgranaten. Es genügte, eine einzige davon in das Loch zu werfen, um der Gefahr ein Ende zu bereiten, und Desmond könnte sich auch schlafen legen. Nie wieder war Desmond der Versuchung, das Leben eines anderen Menschen zu nehmen, so nahe wie in jener Nacht, als er darüber nachdachte, diese Granaten dort hineinzuwerfen. Aber dann verbannte er die Gedanken aus seinem Kopf. Obwohl die Situation sehr wohl zu einer Angelegenheit auf Leben und Tod für ihn selbst werden könnte, wollte Desmond nicht das sechste Gebot übertreten.

So blieb er die ganze Nacht über wach. Während dieser Nacht nahm er sich zwei Dinge ganz fest vor: Wenn er, so Gott wollte, lebend hier heraus kam, würde er erstens nie wieder eine Nacht in jener Höhle und zweitens nie wieder eine Nacht mit jenem Soldaten verbringen.

In der nächsten Nacht setzte er beide Entschlüsse in die Tat um und verkroch sich mit Gornto an einem geschützten Ort, der dem Zug als Kommandozentrale diente. Kurz vor Morgengrauen hörte Desmond den wohlbekannten Ruf: „Sanitäter, Sanitäter!" Intuitiv war ihm klar, was geschehen war.

„Sie müssen nicht gehen, Doss", sagte Leutnant Gornto, aber Desmond hatten das Empfinden, dass er keine andere Wahl hatte.

„Geben Sie die Meldung weiter, dass ich komme, damit man mich nicht erschießt", sagte er. Seinen Weg im Dunkeln ertastend, versuchte er die Soldaten, denen der Finger am Abzug juckte, zu beruhigen, indem er in seinem typischen Hinterland-Akzent, welchen kein Japaner nachahmen konnte, leise vor sich hin sprach und ihnen damit den Stress nahm. Er arbeitete sich bis zu der Höhle vor, wo er die vorhergehende schlaflose Nacht verbracht hatte.

Innen befand sich ein Soldat. Ein weiterer lag einige Meter entfernt. Beide waren Opfer von Granaten, die überall Wunden gerissen hatten, und bluteten vor sich hin. Wahrscheinlich waren die Granaten aus dem Loch gekommen, wo er die Japaner in der Nacht zuvor hatte flüstern hören. Desmond verbrauchte bei der Versorgung dieser Verwundeten sein gesamtes Verbandsmaterial für große Kriegsverletzungen und schickte sie dann bei Tagesanbruch zurück zur Sanitäts-Station. Aber er glaubte nicht, dass sie überleben würden.

Der Steilhang erwies sich weiterhin als ein massives Hindernis für den gesamten Vormarsch der Amerikaner. Höhere Kommandozentralen, angefangen vom Divisionskommando bis hin zum Pentagon, waren in Sorge wegen des japanischen Widerstands an diesem höhlendurchsetzten Hügel. Durch Pressemitteilungen erfuhr die gesamte Nation von dem Kampf, der dort tobte. Von besonderem Interesse war der Bericht über die Schlacht am ersten Kampftag, in welcher niemand ernsthaft verwundet und niemand getötet worden war. Solche Operationen gibt es normalerweise einfach nicht. Zwei oder drei Tage, nachdem die von Gornto angeführte Angriffstruppe die Steilwand hochgegangen war, kam ein Fotograf der Nachrichtentruppe zum Kommandoposten der Kompanie.

„Ich habe erfahren, Sie haben hier eine fantastische Operation durchgeführt", sagte der Fotograf, „Sie haben ein Dutzend Bunker in die Luft gejagt, und nicht ein Mann wurde getötet."

„Das stimmt." Hauptmann Vernon erklärte die Einzelheiten. Der Fotograf der Nachrichtentruppe schaute sich die zusammengeknüpften Frachtnetze an.

„Wir werden jemanden mit Ihnen hochschicken", bot Hauptmann Vernon von sich aus an, „sodass Sie Bilder von oben machen können."

„Oh, nein", erwiderte der Fotograf schnell. „Ich kann die Bilder von hier unten machen."

Es waren Desmond Doss und Jim Dorris, die das Frachtnetz emporkletterten und sich oben an die Kante der Steilwand stellten, damit der Fotograf ein gutes Foto schießen konnte.

„Kommen Sie doch hoch", rief Desmond. Er und Dorris waren hinter der am ersten Tag errichteten Steinmauer und aufgrund des natürlichen Gefälles ziemlich versteckt und kaum zu erkennen.

Aber der Fotograf schlug die Einladung aus. „Ich habe da oben nichts verloren", erklärte er.

Bei Tag dem brutalen Kampf und Feuersturm am Steilhang ausgesetzt zu sein und bei Nacht eine Beute des aus Höhlen hervorschleichenden Feindes zu werden – das war selbst routinierten Veteranen zu viel, und sie begannen, offen ihre Angst zu zeigen. Überall um sich herum sah Doss die angespannten Gesichter, die starren Blicke und die zitternden Hände – alles Hinweise auf extreme psychische Belastung. Einer der Top-Unteroffiziere der Kompanie suchte Desmond auf und beichtete ihm: „Ich halte das nicht länger aus. Meine Glückssträhne ist am Ende. Du kannst ja sagen, ich sei krank. Du musst mich zurückschicken."

Doss schüttelte seinen Kopf. Er verstand die Ängste des Mannes, aber er konnte seinen Vorschlag nicht gutheißen. „Mit dir ist alles in Ordnung", sagte er, „hör auf, so zu reden. Reiß dich zusammen und es wird schon wieder werden."

Er hörte später, dass der Unteroffizier herumging und anderen Soldaten anbot, ihnen eine Prämie zu zahlen, wenn sie ihm in den Arm oder das Bein schossen.

Ganz im Gegensatz dazu gab es da die Geschichte eines anderen Unteroffiziers – eines Mannes, der von Anfang an Mitglied der Kompanie gewesen war, und der von seinem ersten Tag im Wehrdienst an sein Bestes gegeben hatte. Dieser Mann hatte sich aktuell irgendeine Krankheit zugezogen, bei der als Folge hohes Fieber auftrat und die Drüsen anschwollen. Sein gesamter Hals war angeschwollen, ganz rot und berührungsempfindlich. Er konnte nicht einmal seinen Kopf bewegen; um zur Seite schauen zu können, musste er seinen gesamten Körper drehen. Mit solch starken Schmerzen und einer derartigen körperlichen Einschränkung konnte er sich dort oben auf dem Steilhang unmöglich vernünftig um sich selbst kümmern. Desmond schickte ihn zurück zur Sanitäts-Station des Bataillons. Es war nur einige Stunden später – da stand der Unteroffizier wieder da. Der Sanitätsoffizier auf der Station hatte ihm angeordnet, zurück in den Dienst zu gehen und das Ganze „locker zu nehmen". „Es locker nehmen? Wie kriegen Sie das hier oben hin?", wollte Desmond wissen. Er war wirklich verärgert. „Sie gehen zurück zur Sanitäts-Station des Bataillons und erzählen denen, dass ich gesagt habe, Sie seien nicht in der körperlichen Verfassung, um hier oben zu sein. Wenn der Arzt mich deshalb sprechen will, werde ich kommen und mit ihm reden. Aber tauchen Sie hier ja nicht wieder auf, verstanden?"

Der kleine Unteroffizier mit dem geschwollenen Hals begab sich nun wieder auf den langen Rückweg zur Sanitäts-Station des Bataillons. Desmond passte auf, dass er sich wirklich auf den Weg machte. „Das ist ein guter Mann, durch dessen Blutgefäße nicht ein einziger Tropfen Feigheit fließt." Er schäumte regelrecht und ließ es jeden wissen, der es hören wollte oder nicht. „Ich werde nicht zulassen, dass irgendjemand ihn hier in den sicheren Tod zurückschickt."

Überall lagen Tote herum. Auf der Kuppe des Steilhangs lagen sowohl Amerikaner als auch Japaner immer noch an dem Punkt, wo sie gefallen waren. Unten am Fuß des Steilhangs wurden die toten Amerikaner geborgen, aber niemand erübrigte Zeit dafür, die feindlichen Leichname einzusammeln. Ein japanischer Offizier, der in das Kompanieareal eingedrungen war und zwei von Desmonds Kameraden getötet hatte, bevor es ihn selbst erwischte, lag der Länge nach über einen Felsen ausgestreckt. Seine tote Hand umklammerte noch immer seinen Säbel. Dieser Säbel hätte bei Souvenirjägern in den unteren Militärrängen oder der Navy 100 Dollar eingebracht, aber dort an der Front würdigte keiner der Soldaten ihn auch nur eines Blickes.

Aber diese Allgegenwart des Todes konnte nicht ohne Wirkung bleiben. Desmond sorgte sich mehr um seine Kameraden, die er jeden Tag verlor, als um sich selbst. Eines Tages passierte ihm Folgendes: Wie ein Schlafwandler schüttete er, ohne nachzudenken, in traditioneller Soldatenmanier Benzin in einen Blechkanister, warf ein Streichholz hinein und machte so ein schnelles Herdfeuer, um sein Essen zu erwärmen. Auf seinen Fersen hockend beobachtete er die Flammen. Er spürte etwas Feuchtes auf seinen Wangen und wischte es mit seinem Handrücken weg. Zum ersten Mal wurde ihm bewusst, dass er weinte. Dann schaute er auf das Feuer, welches er gerade entfacht hatte.

„Warum mache ich das hier eigentlich?", fragte er sich selbst. „Ich bin gar nicht hungrig!"

Er erkannte, dass er sich zusammenreißen musste, aufhören musste, über seine guten Freunde nachzudenken, die getötet worden waren – es waren viel zu viele – und dass er stattdessen sein Vertrauen wieder ganz neu auf Gott setzen musste.

Die Schlacht um den Steilhang ging einen blutigen Tag nach dem anderen und eine angsterfüllte Nacht nach der anderen weiter. Obwohl der Feind inzwischen fast vollständig von der Kuppe des Hügels vertrieben worden war – einem Areal von der ungefähren Größe eines Fußballfeldes – war die Rückseite des Hangs nur so von Bunkern übersät, in denen sich die Eingänge zu dem unterirdischen labyrinth-artigen Tunnelsystem verbargen. Am Tag besetzten die Amerikaner die Hügelkuppe und bemühten sich, weiter vorzustoßen. In der Nacht krochen die Japaner aus ihren Löchern und glitten lautlos über das ganze Gelände.

Eine Schlüsselstellung der Japaner – in Wirklichkeit nichts anderes als ein befestigter offener Eingang zu den unterirdischen Tunneln – wurde knapp hinter dem unteren Rand des ausgedehnten rückwärtigen Abhangs der Steilwand gesichtet. Die Amerikaner versuchten, die Stellung mithilfe von Mörsern und Artillerie zu treffen, aber das Gefälle des Hangs bot ihr Schutz. Immer wieder wurden Anstrengungen unternommen, die Stellung außer Gefecht zu setzen. Feldwebel John Maholic, der beliebte Unteroffizier des Schwere-Waffen-Zuges, kam nahe genug an die Stellung heran, um eine Granate hineinzuwerfen. Die Japaner warfen sie postwendend wieder zurück. Unter dem Feuerschutz der eigenen Leute rannten zwei Pioniere vor und warfen eine Sprengladung hinein. Bevor es zur Explosion kommen konnte, hatten die Japaner schon die Zünder abgerissen.

Jemand in der Kommandozentrale kam auf die brillante Idee, eine langgestreckte Wanne aus Zinn anzufertigen, die sich über den gesamten Hügel erstrecken würde. Auf der amerikanischen Seite würde man dann Benzin in diese Wanne gießen, welches bis zu den Japanern und hinein in ihre Höhle fließen sollte. Eine hinterher geworfene Granate würde das Ganze dann entzünden. Aber der Bau dieser Wanne erwies sich als ein umständliches und schwieriges Unterfangen, und die Steigung war zu gering, um das Benzin fließen zu lassen. Die Japaner tauchten weiterhin aus ihrem Loch auf.

„Ich werde die Höhle in die Luft sprengen, selbst wenn es mich mein Leben kostet", verkündete Unteroffizier Maholic. Er führte einen Trupp Freiwilliger an, die über die Hügelkuppe bis zum Hügelrand vordrangen. Während seine Männer ihm Deckung gaben, sprang er auf und rannte zu der Höhle, eine Granate in jeder Hand. Dumpf schlugen Kugeln auf den Körper des Feldwebels auf, während er vorwärts rannte. Er taumelte und fiel. Er hatte so viel Schwung, dass er bis fast an den Rand der Höhle rutschte. Dort lag er dann – regungslos. Die Granaten kullerten ihm aus der Hand und explodierten, ohne Schaden anzurichten.

Die Nachricht wurde an Doss weitergereicht: „Maholic wurde getroffen!" Er half gerade einem Verwundeten auf der Spitze der Steilwand. Obwohl es fast sicher war, dass Maholic nicht mehr am Leben war und Desmond vor Erschöpfung schon wie betäubt war, machte er sich ohne Zögern auf den Weg. Er wusste, welch hohe Achtung die Männer vor Maholic hatten. Ein Mann aus seinem Trupp begleitete Doss, und gemeinsam krochen sie fast bis direkt an den Rand der Höhle. Sie packten Maholic bei den Füßen und zogen seinen Körper wieder den Hügel hinauf bis zu einem Punkt, wo ihnen ein Granattrichter Schutz bot. Dort untersuchte Desmond ihn genauer. John Maholic lebte nicht mehr. Der Art seiner Wunden nach zu urteilen, war er wahrscheinlich sofort tot gewesen.

Die Nachricht ging wie ein Lauffeuer durch die Kompanie und wurde von den Verwundeten bis zum Bataillonskommando weitergetragen: Desmond Doss, der so viele Male sein Leben riskiert hatte, um die Verwundeten zu retten, hatte erneut sein Leben aufs Spiel gesetzt – diesmal für einen bereits Toten.

An jenem Nachmittag musste Desmond zur Sanitäts-Station des Bataillons zurückgehen, um seine Vorräte wieder aufzufüllen. Hauptmann Tann überschüttete ihn gleich zur Begrüßung mit einem Tadel.

„Was muss ich da hören – dass Sie Ihren Kragen dafür riskieren, einen toten Mann zu retten?" schimpfte er. „Das Einzige, was Sie damit erreichen, ist, selbst umgebracht zu werden, und ein toter Sanitäter nützt keinem etwas. Sollte ich jemals wieder hören, dass Sie solche Sachen machen, werde ich Sie abziehen."

Aber noch während er sprach, wurde seine Stimme wieder sanfter. Desmond Doss sah aus, als ob er ganz allein einen Krieg geführt hätte. Sein Gesicht war abgespannt. Er war unruhig und nervös. Seine Hände zitterten. Seine Uniform war ganz braun – nicht nur von dem Blut der Männer, die er versorgt und in Sicherheit geschleppt hatte, sondern auch von seinem eigenen Blut, denn ein umherfliegender Gesteinsbrocken hatte ihm eine hässliche klaffende Wunde verpasst.

Es war kurz vor Tagesende. „Sie werden die Nacht hier verbringen, Doss", sagte Hauptmann Tann zu ihm.

„Oh! Nein, Hauptmann, ich sollte lieber zusehen, dass ich zur Kompanie zurückkehre", erwiderte Desmond.

„Sie werden hier bleiben, und das ist ein Befehl", wiederholte Tann. „Wir werden Ihnen zu essen geben und dafür sorgen, dass Sie etwas Schlaf bekommen. Ich möchte nicht einmal, dass Sie irgendeinen Wachdienst übernehmen."

Nach dem Essen führte der Hauptmann Desmond zu einer ruhigen Höhle. Ein unterirdischer Strom plätscherte vor sich hin, was beruhigend wirkte. Nachdem er sein Abendgebet gesprochen hatte, klappte Desmond eine Trage auseinander und streckte sich darauf aus. Bevor er sich richtig daran freuen konnte, welch ein Vorrecht er hier genießen durfte – die Sicherheit, die Ruhe und das leise Murmeln des Baches – war er schon eingeschlafen.

Als er am Morgen nach seinem ersten ununterbrochenen Nachtschlaf seit dem Einsatz am Steilhang erfrischt aufwachte, wurde Desmond bewusst, wie nahe er vor lauter Erschöpfung einem völligen Zusammenbruch gewesen war – sowohl körperlich als auch psychisch.

Bevor er die Sanitäts-Station verließ, trugen Krankenträger einen Oberleutnant einer anderen Kompanie herein. Er war ein junger Offizier und machte sich große Sorgen, dass all seine Männer bei dem ihnen bevorstehenden Angriff ums Leben kommen würden.

„Ich muss zu ihnen gehen; ich muss zu ihnen gehen!", schrie er unentwegt unter Tränen. „Verstehen Sie nicht? Helfen Sie mir, zu meinen Männern zu kommen!" Seine Augen waren blutunterlaufen, seine Nase lief, sein Gesicht war schmerzverzerrt. Immer wieder versuchte er, von der Trage herunterzusteigen, aber er war in einer so hysterischen Verfassung, dass er kaum seine Arme gebrauchen konnte. Das letzte Mal, dass Desmond ihn sah, lag er da und weinte hilflos vor sich hin.

„Beinahe ist es mir genauso ergangen", dachte Desmond und entschloss sich erneut – mit der Hilfe Gottes – sich unter Kontrolle zu haben und nicht die Nerven zu verlieren.

Es war ein weiterer harter Tag am Steilhang. Dorris wurde verwundet; jetzt war Desmond der einzige Sanitäter für die gesamte Kompanie. Er verkroch sich in dieser Nacht mit Gornto und fünf seiner Schützen. Er war sich sicher, dass diese Kampftruppe groß genug war, dass er selbst etwas Schlaf finden konnte – abgesehen von den Zeiten seines Wachdienstes – und dass sie ausreichenden Schutz vor feindlichen Soldaten garantieren würde, die in das Kompanieareal eindrangen. Sie hatten seitlich in der Felswand eine Einbuchtung gefunden, vor der ein flacher Fels lehnte, und hatten mit Steinen gefüllte abgefeuerte Mörsergranaten übereinandergestapelt, um damit die eine Seite der Öffnung zu verschließen. Eine Gesteinsbrüstung versperrte die andere Seite.

Desmond schob als erster Wache. Ganz in der Nähe hielt ein Trupp von Minenwerfern das Feuer aufrecht, was verhindern sollte, dass die Japaner auf der Hügelkuppe herumliefen. Nach einigen heftigen Schlägen hörte er plötzlich ein anderes Geräusch, nämlich die Explosion einer Granate. Auf der Gesteinsbrüstung entdeckte Desmond gegen den Nachthimmel die Silhouette eines japanischen Soldaten.

„Oberleutnant!", flüsterte er und machte Gornto auf den Soldaten aufmerksam.

„Wir kriegen ihn", sagte Gornto. Aber aus der Dunkelheit heraus durch die schmale Öffnung zu schießen war schwierig. Die Kugeln verfehlten ihr Ziel. Aber der Japaner sah das Aufblitzen des Gewehrlaufs. Er versuchte nun, Granaten durch die Öffnung zu werfen. Es war nur eine Frage der Zeit, bis es ihm gelingen würde, eine hindurch zu werfen und alle sieben von ihnen auf einen Schlag zu eliminieren. Die Männer innen saßen in der Falle. Desmond war sich ganz klar, dass in dieser Situation der Tod unausweichlich war. Er begann zu beten – für Gornto, für die anderen Männer und auch für sich selbst.

Und Gott erhörte sein Gebet. Gornto hatte seinen Rucksack außerhalb der Höhle stehen gelassen. Darin befanden sich zwei weiße Phosphorgranaten. Die nächste Granate, die der Japaner warf, landete auf dem Rucksack. Irgendwie, anstatt zu explodieren, brannten die Phosphorgranaten nur vor sich hin. Eine große weiße Rauchwolke bildete sich. Der Wind stand günstig und trieb die Wolke in Richtung des feindlichen Soldaten. Das war zu viel für ihn.

„Schnell raus hier!", brüllte Gornto. Einer nach dem anderen zwängten sie sich durch die schmale Öffnung. Desmond, der durch seine Erste-Hilfe-Taschen zusätzlich gehandikapt war, musste die anderen vorlassen. Zu dem Zeitpunkt, als er aus der Höhle kam, hatten sich die dichten Rauchwolken schon beinahe vollständig verflüchtigt.

Er lief so schnell er konnte durch die Dunkelheit, Gornto dicht auf den Fersen. Plötzlich verdoppelte sich die schemenhafte Silhouette des Oberleutnants zu zwei Silhouetten. Der Japaner war plötzlich aus der Dunkelheit aufgetaucht und versperrte ihm den Weg. Ein Handgemenge entstand, und Desmond prallte direkt gegen die zwei Personen und wurde zur Seite geschleudert. Er spürte, wie er in die Tiefe fiel. Er war über die Kante der Gesteinsbrüstung gestürzt. Mit einem dumpfen Krachen schlug er mit seiner Ausrüstung auf dem Boden auf. Ein unerträglicher Schmerz schoss ihm durch das linke Bein. Dieses Bein würde er nicht mehr belasten können.

Aber dort bleiben konnte er auch nicht. Nicht weit entfernt befand sich das Munitionslager, vor dem Wachposten postiert waren. Desmond kroch in Richtung des Lagers, sein Bein hinter sich herziehend, während er mit heiserer Stimme seinen Namen vor sich hin flüsterte. Er fand ein Loch und verkroch sich in dieser Erdhöhle. Als er im Dunkeln sein Bein abtastete, bemerkte er, dass es stark blutete. Er legte mehrere Druckverbände an, um die Blutung zu stoppen. Mehr konnte er nicht tun, deshalb legte er sich wieder schlafen.

Die Morgendämmerung brach an. Desmond wusste, dass er sich mit seinem schwer verletzten Bein eigentlich selbst aus Krankheitsgründen zurück auf die Sanitäts-Station des Bataillons verlegen sollte. Er konnte seinen verwundeten Kameraden hier oben in keiner Weise nützen, wenn sein verwundetes Bein ihn daran hinderte, überhaupt zu ihnen zu gelangen. Dennoch ging er nicht. Er war der letzte übriggebliebene Sanitäter nicht nur für Kompanie B, sondern für die gesamte Streitmacht am Steilhang. Ein Sanitäter mit nur einem Bein war immer noch besser als gar kein Sanitäter.

Es war Samstag, der 5. Mai – ein Sabbat. Nach dem Frühstück nahm er seine Bibel und seine Sabbatschul-Lektion [ein Studienheft mit quartalsweise wechselnden biblischen Themen] aus dem Rucksack heraus und setzte sich, den Rücken gegen eine Felswand gelehnt. Einen Augenblick nur ließ er seine Gedanken bei Dorothy, seinen Eltern und seinen Freunden zu Hause verweilen und stellte sich vor, wie sie an einem friedlichen Sabbat fernab des Kriegslärms gemeinsam in den Gottesdienst gingen. Aber er war nicht neidisch auf sie. Er wusste, dass er durch seine Anwesenheit an diesem schrecklichen Ort des Krieges seinen Teil dazu beitrug, dass sie – und alle Amerikaner – weiterhin die Freiheit hatten, ihren Gott entsprechend ihrem Glauben ungestört anzubeten, wie es ihrer Tradition entsprach. Er öffnete seine Sabbatschul-Lektion und begann zu lesen.

„Wie sieht es auf dem Hügel aus?" Die Stimme gehörte zu einem Oberst, dessen Gestalt direkt über ihm aufragte. Desmond versuchte, sich mit seinem kaputten Bein und allem Drum und Dran irgendwie hochzurappeln, aber der Oberst gab ihm ein Zeichen, dort sitzen zu bleiben, wo er war.

„Ich war heute Morgen noch nicht oben, Sir", sagte Desmond. „Der Kommandoposten der Kompanie ist direkt dort drüben, Sie können dort nachfragen!"

Der Oberst nickte. „Ich möchte sehen, wie es unserer Artillerie ergeht", sagte er und schritt in Richtung der Frachtnetze.

Desmond wandte sich wieder seiner Sabbatschul-Lektion zu. Einige Minuten vergingen. Plötzlich hörte er von der Spitze der Steilwand den nur allzu bekannten Schrei: „Sanitäter, Sanitäter!"

Desmond schaute hoch zu den Männern, die ihn riefen. Es war Sabbat, und er hatte nur ein funktionsfähiges Bein. Trotzdem rief er zurück: „Was ist los?"

„Es ist dieser Oberst, der Artillerie-Beobachter. Es hat ihn schlimm erwischt", riefen die Männer nach unten.

Ohne groß nachzudenken griff Desmond nach seinen Erste-Hilfe-Taschen, sprang auf und wollte Richtung Steilwand rennen. Er setzte sein kaputtes Bein auf, und es knickte unter seinem Gewicht einfach ein. Er stürzte schwer. Jemand reichte ihm eine Hand und half ihm wieder hoch.

„Oh, Herr, bitte hilf mir!", murmelte Desmond. Noch einmal probierte er, sein kaputtes Bein zu belasten. Es hielt stand. Er ging einen Schritt, dann einen zweiten, und dann wurde ihm bewusst, dass sein verstauchtes, mit Prellungen und Wunden übersätes Bein ihm kein bisschen mehr wehtat. Mit seinen Erste-Hilfe-Taschen über den Schultern kletterte er am Netz hoch bis zur Spitze der Felswand und bahnte sich dann vorsichtig seinen Weg zu dem Granattrichter, wo der verletzte Oberst lag.

Kugeln heulten über seinen Kopf hinweg, Mörser und Artilleriegeschosse explodierten auf dem Hügel. Er achtete nicht darauf. Er hatte sich inzwischen an diese tödlichen Geräusche gewöhnt. Er erreichte den Granattrichter und sprang hinunter zu dem verletzten, bewusstlosen Oberst. Ein großer Granatsplitter einer explodierenden Granate hatte seinen Arm zertrümmert, sich in seinen Brustkorb gebohrt und war am Rücken wieder ausgetreten. Er blutete sehr stark und atmete durch das Loch in seiner Brust. Desmond rief einem Mann in dem nächstgelegenen Granattrichter zu, er solle die Nachricht weitergeben, dass er Blutplasma brauchte, und zwar so schnell wie möglich. Er suchte sich die größten Druckverbände für schwere Kriegsverletzungen heraus und versorgte damit die beiden großen Löcher in Brust und Rücken, um den massiven Blutschwall zu stoppen und die durch das Loch in der Brust erfolgende Atmung zu unterbinden.

Er war gerade mit dem Bandagieren fertig, als ein Soldat mit den Füßen voraus zu ihm in das Loch hineinrutschte. Er brachte das Blutplasma. Desmond legte eine große Transfusionsnadel in eine Oberarmvene des Obersts. Damit das Blutplasma ungehindert in die Vene fließen konnte, musste der Transfusionsbeutel hochgehalten werden. Dies bedeutete, dass er aus der Deckung herauskommen musste und sich dem Feind, der dort hinter dem Hügel lauerte, als direktes Ziel anbot. Sich entblößt und ausgeliefert fühlend – voll sichtbar für die Soldaten zweier Armeen – kniete Desmond regungslos dort und ließ das lebensspendende Blutplasma in die Vene des verwundeten Mannes fließen. Hinter ihm riefen ihm seine Männer zu, er soll sich ducken, und gaben ihm Feuerschutz, indem sie über ihn hinweg feuerten.

Ein weiterer Mann schlitterte in die Grube mit einer Krankentrage. Während Desmond den Transfusionsbeutel hochhielt, klappten die beiden Männer, die sich mit ihm in der Grube befanden, die Krankentrage auseinander, um dann den schlaffen Körper vorsichtig auf die Trage zu manövrieren. Der Weg zurück zur Kante des Steilhangs – in geduckter Haltung rennend und dabei den Oberst tragend – war ein ziemlich holpriges Transportunterfangen.

Die chirurgischen Verbände waren verrutscht, und die Blutung hatte wieder eingesetzt. Desmond befestigte die Verbände wieder an Ort und Stelle. Die Transfusionsnadel war aus der Vene gerutscht. Desmond versuchte, sie zurückzuschieben, aber die Vene war kollabiert. Er übermittelte eine Nachricht an die Sanitäts-Station des Bataillons, dass er hier einen Oberst in kritischem Zustand habe und dringend Hilfe benötige. Hauptmann Tann und Unteroffizier Howell erschienen, aber auch sie schafften es nicht, die Nadel wieder in die kollabierte Vene vorzuschieben.

„Ich denke, wir sollten ihn lieber zurück zur Krankenstation bringen", sagte Tann. „Wir können ihm hier nicht helfen."

Vier Männer hoben die Trage auf und begannen, den Oberst zurück zur Sanitäts-Station zu tragen. Bevor er jedoch dort ankam, verstarb er.

Desmond wandte sich wieder seiner Sabbatschul-Lektion zu. Wiederum wurde er unterbrochen, diesmal von Hauptmann Vernon.

„Doss", sagte der Hauptmann, „wir haben den Befehl erhalten, den Hügel zu überqueren und den Bunker einzunehmen, koste es, was es wolle. Oberleutnant Phillips wird den Angriff anführen. Ich weiß, es ist Ihr Sabbat, und ich weiß, Sie müssen sich dieser Mission nicht anschließen. Aber die Männer wünschen sich, Sie bei sich zu haben, und ich ebenfalls."

„Ich werde mitkommen, Hauptmann", sagte Doss ohne Zögern. Sein Heiland hatte Menschen am Sabbat geheilt, und so konnte er nicht weniger als dasselbe tun. „Aber ich möchte erst meine Sabbatschul-Lektion beenden."

Hauptmann Vernon öffnete den Mund, um etwas zu sagen, dann schloss er ihn wieder. Einen Augenblick lang musterte er seinen Kompanie-Sanitäter. Doss' Baumwolluniform war dunkelbraun und ganz steif von all dem angetrockneten Blut – dem Blut all der Männer, deren Leben er gerettet hatte, oder deren Leben er zumindest versucht hatte zu retten. Seine Augen lagen vor Erschöpfung tief eingesunken in den Augenhöhlen. Vernon wusste um sein ernsthaft verletztes Bein und dass er sich dennoch dem Kugelhagel ausgesetzt hatte, um sein Bestes zu geben, einen verwundeten Mann zu retten. Wie viele Männer hatte Doss wohl schon seit Beginn dieser blutigen Schlacht gerettet? Der Hauptmann konnte sie nicht zählen.

Vernon nickte zustimmend. „Wir werden auf Sie warten."

Hauptmann Vernon erzählte seinem Kompanie-Sanitäter nichts darüber, dass der Befehl für diese Spezialmission etliche Zwischenstationen durchlaufen hatte, bis er zu ihnen gelangt war – von der 10. Armee über das Korps, die Division, das Regiment, das Bataillon, bis hin dann zu Kompanie B. Der gesamte amerikanische Vormarsch in Okinawa – eine Frontlinie von etlichen Kilometern Ausdehnung mit etlichen beteiligten Divisionen – wurde von dieser einen kampfstarken Stellung am Weiterkommen gehindert. Von dem Steilhügel aus konnten die Japaner das Terrain zu beiden Seiten hin dominieren. Es konnte wahrhaftig gesagt werden, dass der Erfolg des gesamten Okinawa-Feldzugs vom Erfolg dieser einen Mission abhing.

Und Hauptmann Vernon schob den Start dieser Mission hinaus, damit ein einzelner erschöpfter Sabbathalter in seiner Bibel lesen konnte.

Ohne zu wissen, dass er hier einen Krieg verzögerte, gelangte Desmond schließlich zum Schlussteil der Sabbatschul-Lektion. Er schlug seine Bibel zu, neigte sein Haupt und schloss mit einem Gebet. Er stand auf. Auch jetzt konnte er sich wieder auf wundersame Weise problemlos auf sein verstauchtes Bein stützen. „Ich bin so weit, Hauptmann!"

Das gesamte 1. Bataillon war bei diesem Feldzug mit von der Partie, obwohl Kompanie B die Speerspitze darstellen sollte. Die Kompanie war für den Okinawa-Feldzug auf weit über 200 Mann hochgerüstet worden, aber nach nur einer Woche auf dem Steilhang war ihre Kampfstärke auf 155 Männer gesunken.

Diese Männer waren jetzt kurz davor, in eine weitaus größere Schlacht einzutreten, als ihre schlimmsten Befürchtungen vermuten ließen – weitaus größer, als die Generäle und ihre Geheimdienst-Experten realisierten. Niemand von ihnen konnte wissen, dass die gesamte japanische Strategie sich auf diesen einen Tag fokussiert hatte. Bei jeder Schlacht um eine der Inseln vor dem Kampf um Okinawa hatten die Japaner die Amerikaner am Brückenkopf direkt an der Küste bekämpft. Diesmal verfolgten sie eine ganz andere Strategie. Sie bestand darin, dass sie den Amerikanern gestatten würden, ungehindert mit allen sechs Divisionen auf die Insel Okinawa zu gelangen, ohne dass ihnen Widerstand entgegenschlug. Wenn dann die gesamte amerikanische Streitmacht an Land gegangen war, sollte ein Schwarm von Kamikaze-Fliegern über sie herfallen, der die gesamte amerikanische Flotte versenken, und somit die Versorgungslinien abschneiden würde. Ohne Vorratsnachschub würden die Streitmächte auf der Insel auf dem Trockenen sitzen und wären völlig ihrem Schicksal ausgeliefert.

Der zweite Schritt ihrer Strategie bestand dann darin, diese Streitmächte zu eliminieren. Der dafür ausgewählte Ort: Eine Kampflinie, deren Ankerpunkt der Steilhügel von Maeda [Hacksaw Ridge] war – das Terrain auf der Insel, das für einen Gegenangriff die meisten Vorteile bot. Der dafür ausgewählte Zeitpunkt: genau dieser Tag – der 5. Mai.

Der erste Teil des Plans war misslungen; mehr als ein lästiges Ärgernis waren die Kamikaze-Flieger nicht gewesen. Aber die zweite Phase der Strategie, der Gegenangriff gegen die Truppen, sollte dennoch nach Plan umgesetzt werden.

Die höchste Befehlsgewalt zweier großer Streitmächte, die viele Kilometer voneinander entfernt waren, hatten unabhängig voneinander beide genau diesen Tag zum Angriff ausgewählt. Als Ort des Aufeinandertreffens war der Steilhang vorgesehen. Während die Japaner in ihren Löchern auf die „Stunde Null" warteten, begannen die Amerikaner mit ihrem Vormarsch. Die 77. Division befand sich im Zentrum. Die Spitze ihres Angriffskeils wurde gebildet durch das 307. Regiment, das erste Bataillon, die Kompanie B und ganz vorne Oberleutnant Philipps und sein handverlesener Trupp von fünf Freiwilligen. Ihre Mission: Der entscheidende Sturm auf den großen Bunker an dem rückwärts gelegenen Abhang des besagten Hügels.

Die sechs Männer, unter der Deckung eines umfassenden Feuerschutzes aus dem Hinterhalt, überquerten die breite Hügelkuppe und krochen dann den rückwärtigen Hang hinunter zu der großen Höhle. Jeder der Männer trug einen knapp 20 Liter fassenden Kanister voller Benzin. Auf das Signal von Phillips hin wurden die Deckel abgeschraubt und die Kanister in die Höhle geworfen. Phillips wartete einen Augenblick, dann warf er eine weiße Phosphorgranate hinterher. Einen Augenblick passierte gar nichts, dann gab es einen unglaublich gewaltigen Knall. Der gesamte Hügel erzitterte.

Phillips und seine Männer hielten sich fest und tauschten untereinander verwunderte Blicke aus. Das war mehr, als sie erwartet hatten. Dort ganz unten musste offensichtlich ein Munitionslager hochgegangen sein. Einige Augenblicke später konnte man ein sehr seltsames Phänomen beobachten – die Offiziere, die das Ganze von den entfernteren Hügeln auf der anderen Talseite observierten, sahen dieses Schauspiel ebenso wie die Flugzeugpiloten in der Höhe. Aus Hunderten von Löchern und Spalten am Hügelgipfel und an sämtlichen Hügelseiten stiegen weiße Rauchwolken empor.

Und aus vielen dieser Löcher, selbst denen auf amerikanischer Seite, quollen japanische Soldaten hervor. Sie kamen angerannt, schreiend, ihre Gewehre feuernd und Granaten werfend. Dies war der Gegenangriff, auf den die Japaner all ihre Hoffnungen gesetzt hatten. Das Ganze erinnerte Desmond an ein Hornissennest, auf das jemand mit einem Stock geschlagen hatte, und den daraufhin explosionsartig hervorbrechenden Hornissenschwarm. Die Amerikaner stellten sich ihnen frontal entgegen. Hauptmann Vernon holte jeden einzelnen Mann hoch auf die Steilwand, und die Streitmacht verschanzte sich und hielt die Stellung. Die Schlagkraft des Feindes durch seine schiere zahlenmäßige Übermacht und Feuerkraft, die sowohl von vorne wie auch von hinten auf sie einstürmte, erwies sich dann jedoch als zu überwältigend.

Am Anfang sah das Ganze nach einem geordneten Rückzug aus, aber dann setzte Panik ein. Offiziere und Unteroffiziere rannten ohne Unterbrechung den Hügel rauf und runter, schrien Befehle, stießen Drohungen aus und versuchten, die sich zurückziehenden Männer irgendwie auf geordnete Weise zusammenzuhalten. Manche der Unteroffiziere richteten ihre Schusswaffe auf die eigenen Leute und drohten, jeden zu erschießen, der flüchten würde. Aber die Panik und Hysterie schwappte über die Hügelkuppe und packte jeden, und das gesamte Bataillon – oder das, was noch von ihm übrig war – begann, zur Steilwand zurückzurennen. Diejenigen Männer, die von feindlichen Kugeln oder Granaten getroffen wurden, ließ man dort liegen, wo sie gefallen waren, egal ob verwundet oder tot.

Inmitten dieser wahnsinnigen, rasenden Hektik befand sich der letzte noch übriggebliebene Sanitäter des gesamten Bataillons, Desmond Doss. Er rannte von einem gefallenen Mann zum nächsten und tat, was er konnte. Es kam ihm gar nicht in den Sinn, seine eigene Haut zu retten; er war zu beschäftigt. Er dachte nicht an die japanischen Soldaten, die ebenso wie er auf dem Hügelgipfel waren und um sich schossen und Granaten warfen. Gott hatte schon in der Vergangenheit auf ihn achtgehabt. Warum sollte er das plötzlich nicht mehr tun? Ausgebildet als Militär-Sanitäter, mit der Erfahrung von Hunderten von Einsätzen, fühlte er sich geborgen in der festen Überzeugung, dass wenn er seinen Kameraden half, Gott auf ihn aufpasste. Mit dieser Sicherheit im Hinterkopf ging Desmond Doss gelassen seiner Aufgabe nach, sich um die Verwundeten zu kümmern – der einzige noch normale und zurechnungsfähige Mensch auf einer Hügelkuppe, auf der sonst nur der Wahnsinn des Mordens und der Todesangst herrschte.

Einige andere Männer, die sahen, wie er hier seiner Pflicht nachging, fühlten sich dadurch beschämt und unterbrachen ihre chaotische Flucht nach hinten. Manche unterstützten ihn bei der Versorgung der Verwundeten, oder halfen den Verletzten, indem sie sie bis zur Kante der Steilwand zogen. Aber über Stunden erschien es Desmond so, als sei er hier oben ganz allein auf dem Steilhang, eingedeckt vom feindlichen Kugelhagel, während er die Verletzten versorgte, sie zur Felswandkante zog und dann zurückkehrte, um bei irgendeinem anderen Verwundeten weiterzumachen.

Diejenigen Männer, denen es gelungen war, über die Frachtnetze bis nach unten zu klettern, waren kollabiert und lagen keuchend und nach Atem ringend da und versuchten, ihre Sinne wieder zusammenzusammeln. Wie lange sie dort gelegen hatten, wusste niemand so genau, aber irgendwann schaute einer von ihnen zufällig zum Hügelgipfel hinauf. Er sah Desmond Doss dort oben stehen – allein, der letzte unverwundete Mann. Der Mann am Fuß der Klippe traute seinen Augen kaum, als er sah, wie eine Krankentrage mit einem darauf festgeschnallten verwundeten Soldaten langsam an der Felswand entlang bis nach unten heruntergelassen wurde. Desmond hatte den Mann auf der Trage festgebunden, dann eine Seilschlinge um einen zertrümmerten Baumstumpf gelegt, und gab nun langsam Seil nach, um die Trage und ihre menschliche Last vorsichtig hinuntergleiten zu lassen. Ein, zwei Meter vom Boden entfernt verrutschte das Seil, das den Soldaten an der Trage festhielt, und der bewusstlose Mann wäre beinahe heruntergefallen. Aber einige Männer rannten herbei, um die Trage aufzufangen.

„Nehmt ihn herunter!", schrie Doss ihnen von oben zu. „Ich habe noch mehr Männer hier oben. Schickt diesen hier direkt zur Sanitäts-Station des Bataillons. Unverzüglich! Er ist in schlechter Verfassung!"

Die Männer unten lösten die Knoten, mit denen die Trage am Seil befestigt war, und hoben den verwundeten Mann von der Trage. Sie wollten gerade die Trage wieder am Seil befestigen, aber Desmond unterbrach sie.

„Ich will die Trage nicht mehr", rief er nach unten. Er hatte gesehen, wie dieser Mann beinahe heruntergerutscht war, und irgendwie, inmitten all der Verwirrung, stand plötzlich ganz klar ein Bild vor seinem inneren Auge. Er erinnerte sich daran, wie er beim Bergsteigen in West Virginia mit einem doppelt gelegten Seil einen sogenannten Palstek, einen unverschieblichen Rettungsknoten geknüpft hatte. Jetzt tat er dasselbe – er verdoppelte das Seilende und knüpfte den Rettungsknoten. Als Ergebnis entstanden wie damals zwei Schlaufen gleichzeitig – zwei Schlaufen, die nicht verrutschen konnten.

Das Areal oben auf der Hügelkuppe war von verwundeten Männern nur so bedeckt, manche waren bei Bewusstsein, andere nicht. Desmond wählte einen Mann aus, der am ernsthaftesten verletzt zu sein schien. Er steckte eines der Beine des Mannes durch eine der Schlaufen seines Rettungsknotens und das andere Bein durch die andere Schlaufe. Dann band er das Seil um die Brust des Mannes und befestigte es dort mit einem weiteren Rettungsknoten. Während er das Seilende hielt, rollte er den Verwundeten behutsam über die Felswandkante und ließ ihn dann, indem er die Reibung der um den Baumstumpf gelegten Schlaufe zum Abbremsen benutzte, langsam zum Fuß des Steilhangs hinuntergleiten.

„Dieser Mann ist ernsthaft verwundet", rief er hinunter. „Bringt ihn unverzüglich zur Sanitäts-Station!"

Auf diese Art und Weise, ganz auf sich allein gestellt, beförderte Desmond, der einzige noch körperlich leistungsfähige Mann auf der gesamten Hügelkuppe, einen Mann nach dem anderen nach unten, wo sie in Sicherheit waren und behandelt werden konnten. Die Schräge des Abhangs und der Steinwall boten ihm teilweise Schutz, aber bei etlichen Aktionsschritten der Bergungsprozedur musste er stehend arbeiten, und so waren sein Kopf und seine Schultern oft exponiert. Warum trafen ihn die japanischen Kugeln nicht? Wieder einmal war Desmond überzeugt, dass der gütige Wille seines Gottes dies verhinderte.

Warum nutzten die Japaner, die die Amerikaner bereits über den Hügel hinweg zurückgejagt hatten, ihre Überlegenheit nicht für weitere Aktionen? Das konnten nur sie allein beantworten. Vielleicht war die unterirdische Explosion so verheerend gewesen und hatte einen so hohen Tribut gefordert, dass sie nicht mehr in der Lage waren, ihren geplanten Gegenangriff auf die Beine zu stellen. Vielleicht hatte auch das Artillerie- und Mörserfeuer, das Vernon dort oben auf sie niederprasseln ließ, seine Wirkung nicht verfehlt.

Wie auch immer, Desmond blieb auf der Kuppe der Steilwand, bis er jeden einzelnen verwundeten Mann nach unten hinabgelassen hatte und dieser in Sicherheit war. Um wie viele Männer handelte es sich? Niemand hatte sie gezählt. Erst nachdem alles vorbei war und die Großartigkeit und das gewaltige Ausmaß dessen, was er geleistet hatte, den Männern, die Zeugen des Geschehens geworden waren, wirklich bewusst wurde, begann jemand, die Zahlen zu überschlagen. Hauptmann Vernon und Oberleutnant Gornto erinnerten sich, dass insgesamt 155 Soldaten an dem fehlgeschlagenen Angriff beteiligt gewesen waren. Schnell zählten sie die Anzahl der anwesenden Männer durch. Nur 55 Männer waren noch auf ihren Füßen dort am Fuße der Steilwand. Die Differenz – 100 Männer – war die Anzahl, die sie Desmonds Rettungstat zuschrieben.

Er protestierte. „Es können niemals mehr als 50 gewesen sein. Es wäre für mich unmöglich gewesen, eine noch größere Anzahl zu bewältigen."

„Wir werden die Differenz zwischen unseren beiden Zahlen halbieren", schlug Kommandant Vernon vor. „In dem offiziellen Bericht werden wir 75 Männer melden, die durch den Obergefreiten Doss gerettet wurden."

So furchtbar und verlustreich der japanische Gegenangriff auch gewesen war, so war doch dies die letzte Aktion auf dem Steilhügel. Als die Japaner keine Anstalten machten, aus ihrer Überlegenheit Kapital zu schlagen und weitere Schritte zu unternehmen, marschierten die Amerikaner zurück auf den Hügel, und dieses Mal blieben sie dort. Am nächsten Tag wurde Kompanie B – oder was noch von ihr übrig war – durch eine neue Einheit ersetzt. Doss kehrte zusammen mit ihnen zurück, restlos erschöpft bis auf die Knochen.

Hauptmann Tann und Unteroffizier Howell hießen ihn wieder willkommen. Tann sah Desmonds Uniform und der Anblick ließ ihn erschaudern. Sie war komplett steif und braun von getrocknetem Blut sowie übersät von Fliegen.

„Wir werden Ihnen eine neue Uniform beschaffen", versprach er.

Armeen tragen keine Luxusartikel wie saubere Uniformen mit sich herum, selbst bei solch blutigen Feldzügen wie in Okinawa; der Frachtraum ist vollauf belegt mit lebensnotwendigen Dingen, wie Munition und Verpflegung. Aber irgendwo wurde eine neue Arbeitsuniform für den Sanitäter, der in einem einzigen Gefecht 75 Menschen das Leben gerettet hatte, gefunden. Desmond ging zurück zum Vorratsdepot, um sie in Empfang zu nehmen. Er warf seine alte Kleidung weg, rasierte sich und legte seine neue Uniform an. Wenn er eine Gala-Uniform getragen hätte, hätte er auch nicht eindrucksvoller aussehen können. Ein Militär-Fotograf wurde extra herbeordert, um ein

Foto von einem Sanitäter in einer neuen Uniform zu machen.

Der Befehlshaber der Division, Generalmajor A. D. Bruce, hatte von Desmonds Heldentat gehört und wollte mit ihm persönlich sprechen. Er nahm den weiten Weg bis zur Sanitätsstation des Bataillons auf sich, um ihn zu treffen. Zu dem Zeitpunkt hatte Desmond gerade seine neue Uniform erhalten.

Am nächsten Tag erhielt er sogar ein noch größeres Geschenk. Es war ein großes Paket aus den Vereinigten Staaten. Über die Jahre hinweg hatte Desmond immer das adventistische Radioprogramm The Voice of Prophecy [Die Stimme der Prophetie] gehört. Schon sehr lange hatte er auch regelmäßig Geld dorthin gespendet. Im Anschluss an den Feldzug auf der Insel Leyte hatte Desmond eine weitere Spende an The Voice of Prophecy geschickt – aus Dankbarkeit gegenüber dem allmächtigen Gott, der ihn während dieses blutigen Einsatzes bewahrt hatte. In seinem Briefwechsel mit Pastor H. M. S. Richards, dem adventistischen Evangelisten, der das Radioprogramm leitete, bat er ihn bei dieser Gelegenheit, ihm einige Bücher zu schicken, die er in der Kompanie verteilen konnte.

Und nun waren die Bücher angekommen. Desmond machte es unglaubliche Freude, sie auszupacken und dann an die Männer der Kompanie zu verteilen. Es war genau die richtige Anzahl an Büchern. Jeder Mann erhielt ein Buch, und dann war noch ein einziges übrig. Das dickste Buch war The Great Controversy [Dt. Ausgabe: Der Große Kampf bzw. Vom Schatten zum Licht], das wahrscheinlich bekannteste von allen adventistischen Büchern. Desmond schenkte dieses Buch der gesamten Kompanie, wo es im Offiziers-Schreibtisch aufbewahrt werden sollte.

Das Ganze war ein angemessenes Ende für die Schlacht an der Steilwand. Es war die Rede von einer weiteren Auszeichnung für Desmond, neben der Bronze-Star-Medaille, die er sich auf Leyte verdient hatte. Die Offiziere wollten ihn gleich für zwei „Purple Hearts" empfehlen [eine Verwundeten-Auszeichnung der US-Armee]. Ein Orden sollte für die klaffende Wunde sein, die durch den abprallenden Gesteinsbrocken verursacht wurde, und das andere Purple Heart für das verletzte Bein. Obwohl schon viele Purple Hearts für geringfügigere Verletzungen verliehen worden waren, sagte Desmond, dass es ausreichen würde, wenn ihm ein Orden für beide Verletzungen zusammen verliehen würde.

Wichtiger als eine Medaille war für ihn das Wissen, dass er in der Lage gewesen war, die Männer zu versorgen, die er liebte, und viele von ihnen wieder lebend mit ihren Familien zusammenzuführen.

Es war in der Tat ein arbeitsreicher Sabbat gewesen!

KAPITEL 5

DIE LETZTE PATROUILLE

Nach nur zwei Wochen Ruhepause kehrte die Kompanie B mit 93 Ersatzmännern und etlichen der alten Kämpfer, die sich von kleineren Wunden und Kreislauf-Schocks erholen mussten, zurück in den Kampf. Die wenigen Männer, die von Anfang an dabei gewesen waren, hätten Grund zu der Annahme gehabt, dass es nichts gab, was sie nicht inzwischen gesehen hatten. Aber dann erhielten sie den Befehl zu einer für sie völlig ungewohnten Angriffsmethode.

Hauptmann Vernon nahm seine mit Schlüsselpositionen betrauten Männer, inklusive Desmond, mit sich auf die Hügelkuppe, die als „Schokoladenplätzchen" bekannt war. Sie befanden sich etwa zwei bis drei Kilometer vom Steilhang entfernt, und er zeigte auf den danebenliegenden Hügel. Dieser sollte ihr nächstes Kampfziel sein. Vernons Finger folgte einer Reihe von Strommasten in dem dazwischenliegenden Tal, die auf das Kampfziel zuführten. Manche der Masten waren umgestürzt.

„Wir werden uns an diesen Masten orientieren", sagte er. „Und es ist eine gute Sache, dass wir etwas zum Orientieren haben, denn wir werden den Angriff bei Nacht durchführen. Die Japaner haben den ganzen Krieg hindurch in der Nacht angegriffen. Nun, wir werden es ihnen mit gleicher Münze heimzahlen. Wir werden um 2:30 Uhr am Morgen ausziehen und die Stellung vor dem Morgengrauen attackieren."

Wie schon gewohnt war das Wetter wolkig mit zeitweisen Regenschauern. In dieser Nacht würde es keinen Mondschein geben. Um es den einzelnen Männern zu erleichtern, sich an ihrem vorausgehenden Kameraden zu orientieren und ihm zu folgen, teilte Desmond kleine Stückchen Verbandsmull aus, die auf der Rückseite jedes Rucksacks befestigt wurden. Er hoffte, dass die weißen Stoffstückchen im Dunkeln gesehen werden konnten.

Oberleutnant Gornto hatte sich bei der Schlacht am Steilhügel eine Lungenentzündung zugezogen. Ein junger Offizier übernahm seinen Posten. Als die Männer in der Dunkelheit losmarschierten, die so stockfinster war, dass sie nicht einmal die weißen Mullstückchen ihres Vordermanns erkennen konnten, hatten sie das deprimierende Gefühl, dass diese Mission eindeutig in nichts anderem als einem Desaster enden würde. Aber der Führungsstil von Hauptmann Vernon war von einer Qualität, dass sogar die neuen Männer, die ihn erst seit einigen Tagen kannten, ihm folgten, ohne sich groß zu beschweren.

Sie bewegten sich durch das verwüstete Terrain in Dreiergruppen weiter vorwärts. Die weißen Mullstückchen hätten genauso gut pechschwarz sein können. Sie waren nicht sichtbar. Nachdem einige Männer verloren gegangen waren, wurde die Meldung nach hinten weitergereicht, dass jeder Einzelne sich an seinem Vordermann festhalten sollte. Gelegentlich stiegen Leuchtsignale auf und erleuchteten das Tal in einem grellen weißen Licht. Jeder fiel dann bäuchlings auf die Erde, wobei Gesicht und Hände verdeckt wurden, sodass keine weiße Haut zu sehen war.

Es durfte keinen Laut geben. Die Gewehrmagazine wurden entleert und Bajonette aufgesetzt. Ein japanischer Soldat begegnete ihnen. Vernon gab einem seiner Offiziere die Erlaubnis, eine Granate in seinen Karabiner zu legen und diese einzusetzen.

Es dauerte nicht allzu lange, und sie hatten den Weg entlang der umgestürzten Strommasten verloren. Häufig mussten sie stehenbleiben, damit die Offiziere ihren Kompass überprüfen konnten, die Nachzügler den Anschluss bekamen und man sich neu organisieren konnte. Aber trotz allem wurden die Truppenzüge, als sie ihrem Angriffsziel schon ganz nahe waren, voneinander getrennt. Man wird es niemals mit Sicherheit wissen, aber manche der Männer hatten von Anfang an die Vermutung, dass die Truppenzüge sich gegenseitig unter Beschuss nahmen und es nicht die Japaner waren, die ihre Stellung preisgaben. Die Hoffnung auf einen Überraschungsangriff ihrerseits konnten sie endgültig begraben. Die Japaner begannen, Granaten zu werfen. Zwei Männer wurden sofort getötet. Alle Übrigen suchten Deckung.

Mehr aus dem Gefühl heraus als durch Augenschein wusste Desmond, dass die Kompanie die Kuppe eines kleinen Hügels überquert hatte und gerade die Hügelrückseite hinunter marschierte, als die Schießerei begann. Er und zwei Schützen stolperten in einen Granattrichter und harrten dort aus. Einer der Männer packte Desmond am Arm: „Schau!", flüsterte er mit heiserer Stimme.

Schemenhaft zeichnete sich die Silhouette eines japanischen Soldaten gegen den Nachthimmel ab. Er machte eine Bewegung, und Desmond sah den zischenden Zünder einer Handgranate direkt auf den Granattrichter zufliegen. Sie landete direkt vor seinen Füßen. Die anderen beiden Männer befanden sich an der anderen Seite des Lochs.

Wie ein junger Bauernsohn, der sich einem ausschlagenden Maultier nähert, setzte Desmond sofort aus einem Reflex heraus seinen Fuß auf die Granate. Einen Sekundenbruchteil später explodierte sie. Er spürte einen Stoß. Es tat nicht weh. Es hatte eher einen betäubenden Effekt. Er hatte das Gefühl, als würde er kopfüber durch die Luft geschleudert. Es verschlug ihm vollständig den Atem. Er schüttelte seinen Kopf und öffnete seine Augen. Er war noch am Leben. Die zwei Männer, die mit ihm in dem Loch gewesen waren, waren verschwunden, aber der japanische Soldat war noch da. Eine weitere Granate kam zischend durch die Dunkelheit geflogen, aber sie verfehlte ihn. Ohne darüber nachzudenken, wie schwer er verwundet war, kroch Desmond aus seinem Loch hervor. Er bahnte sich seinen Weg durch das Unterholz und rief mit leiser Stimme, immer und immer wieder: „Ich bin's, Doss, ich bin getroffen worden." Niemand antwortete ihm. Er kroch weiter, bis er sich außerhalb der Granateneinschlagszone befand.

Weit entfernt hörte er jemanden sagen, dass die Kompanie auf dem Rückzug sei. Er begann, hügelaufwärts zu kriechen, wobei er sein linkes Bein hinter sich herschleifte. Von der Hüfte bis zu den Zehen spürte er ein starkes Pochen im Bein. Er tastete mit seiner Hand an der Hüfte entlang bis zur Wade. Es fühlte sich nass an, sein Bein war voller Blut von oben bis unten. Ihm wurde bewusst, dass er eine Menge Blut verloren hatte und immer noch stark blutete, aber er konnte sich inmitten des Rückzugs nicht um sich selbst kümmern. Dann merkte er, wie er das Bewusstsein verlor.

Was macht man bei einem Kreislauf-Schock oder bei großem Blutverlust? Man bringt die Beine des Patienten in eine erhöhte Position. Der Anweisung entsprechend begann Desmond sich so lange zu drehen und zu winden, bis sein Kopf hügelabwärts hing. In dieser Stellung verblieb er, bis er das Gefühl hatte, dass sein Bewusstsein wieder vollständig zurückkehrte, weil das Blut wieder Richtung Gehirn fließen konnte. Verbissen kroch er erneut hügelaufwärts, bis er sich wieder einer Ohnmacht nahe fühlte und sich wieder umdrehen musste, damit der Kopf schräg nach unten lag.

Endlich erreichte er die Hügelkuppe und begann, auf der anderen Seite bergab zu kriechen. Der erste Schein der Morgendämmerung wurde sichtbar. Vor ihm öffnete sich ein Granattrichter.

„Wer ist da?", flüsterte eine Stimme.

„Ich bin's, Doss."

„Du bist genau der Mann, den ich sehen wollte", sagte der Soldat. „Ich bin an der Schulter getroffen worden."

Im trüben Licht arbeitend verband Desmond die Wunden des Mannes. Dann untersuchte er sich selbst. In seinem Hosenbein ertastete er getrocknete Blutklumpen, die sich wie Kieselsteine anfühlten. Er nahm eine Handvoll von ihnen heraus. Aber das blutverkrustete Hosenbein störte ihn bei seinem Unterfangen, deshalb zog er seine Hose ganz aus. Er tastete entlang seines linken Beins. Aus allen möglichen Löchern quoll Blut hervor, vom Gesäß ganz oben bis hinunter zu seinen Knöcheln. Er konnte Metallstücke ertasten, die sich in sein Fleisch gebohrt hatten. So gut er konnte, bandagierte er sich selbst.

Er wusste, dass er nicht weiter kriechen konnte und fand sich damit ab, in dem Krater bis zum Tagesanbruch auszuharren. Zumindest war er nicht allein. Das Loch war relativ flach, und deshalb lieh er die Schaufel des andern Soldaten aus, um es eventuell noch etwas tiefer auszugraben. Der Boden ließ sich schwer bearbeiten, und schließlich gab er auf. Wieder wurde er bewusstlos, während seine Beine aus dem Erdloch herausragten. Als er seine Augen wieder öffnete, war es Tag. Er schaute sich um. Das erste, was er sah, war ein großes Artilleriegeschoss, das nur einige Zentimeter von seinem Kopf entfernt lag, ohne explodiert zu sein. Er hatte beim Graben mit seiner Schaufel knapp darum herum gearbeitet. Was wäre, wenn er das Geschoss getroffen hätte ... Der Gedanke daran ließ ihn schlagartig hellwach und wieder bei vollem Bewusstsein sein.

Der Mann mit der Schulterverletzung war ebenfalls ins Koma gefallen, aber es gelang Doss, ihn aus der Bewusstlosigkeit zurückzuholen. Sie entschlossen sich, zu bleiben, wo sie waren, und hofften, dass sie von Krankenträgern gefunden werden würden. Inzwischen hatten in der Wunde von Doss extreme Schmerzen eingesetzt. Er nahm eine Morphin-Spritze heraus und zeigte dem anderen Soldaten, wie man sie injizierte. Aber der Schütze – zu zart besaitet, um jemandem eine Nadel durch die Haut zu stechen – spritzte das meiste Morphin daneben auf seinen Ärmel. Schließlich verabreichte sich Desmond die Spritze selbst.

Die Kompanie begann, sich aufzurappeln und die Kräfte wieder zu sammeln. Desmond hörte jemanden schreien, dass Hauptmann Vernon getroffen worden war. Er schrie zurück und begann, sich in die Richtung des Schreis zu schleppen. Aber Vernon kam ihm entgegen. Blut quoll aus dem Mund des Hauptmanns und tropfte über das Kinn nach unten. Ein Granatsplitter war in seinen Mund eingedrungen und aus der Wange wieder ausgetreten.

„Sie müssen zum Lager zurückkehren, Hauptmann", erklärte ihm Doss.

Hauptmann Vernon lachte kurz auf. „Ich werde mit meinen Männern hier oben bleiben, Doss." Mit seinem zerfetzten Mund konnte er nur undeutlich nuscheln. Desmond wusste, dass es nutzlos war, mit ihm zu argumentieren. Also verband er die Wunde notdürftig, so gut er konnte.

„Unsere Artillerie plant, heute Vormittag ein Sperrfeuer auf dieses Areal abzuschießen", sagte Vernon. „Wir müssen ihnen die Nachricht zukommen lassen, den Einsatz zu stoppen."

Aber es stand keine Kommunikationstechnik zur Verfügung. Das Funkgerät der Kompanie war zerschossen worden. Deshalb wurden jetzt Melder ausgesandt. Einer von ihnen machte eine andere Einheit mit einem funktionstüchtigen Funkgerät ausfindig, und so konnten sie eine Meldung an das Hauptquartier geben, dass der Artillerieeinsatz abgesagt werden solle.

Während der ganzen Zeit waren natürlich noch keine Krankenträger in das Areal gekommen. Endlich kamen sie. Einer von ihnen, T/5 Ralph E. Baker, kannte Doss gut. Er löste ihn sofort ab und sorgte dafür, dass sich sein Freund und Sanitäter-Kamerad umgehend auf dem Weg zurück zur Erste-Hilfe-Station des Bataillons machen konnte.

Sie hatten einen langen Weg durch ein gefährliches Gebiet zu durchwandern, und der Tag war heiß und schwül. Immer wieder verlor Desmond sein Bewusstsein. Plötzlich wurde er durch einen Schlag wachgerüttelt. Granaten krachten durch die Bäume. Feindliche Panzer feuerten in ihre Richtung. Die vier Träger waren zu Boden gefallen und Desmond war mit ihnen auf die Erde geprallt. Der Schmerz war unerträglich und ließ ihn schlagartig wieder zu vollem Bewusstsein kommen. Er schaute sich um. Keine drei Meter entfernt lag ein weiterer verwundeter amerikanischer Soldat. Sein Kopf war überall voller Blut, aber er atmete noch. Desmond wusste augenblicklich, dass die Verletzung dieses Mannes schwerwiegender war als seine eigene.

Als die Schießerei verebbte und die vier Träger sich bereitmachten, wieder weiterzumarschieren, wälzte sich Desmond von der Trage herunter. „Dieser Mann ist am Kopf getroffen worden", sagte er. „Nehmt besser ihn mit."

Baker und die anderen drei Männer protestierten vehement. Desmond war ihr Freund. „Du bist der, den wir zuerst auf der Trage hatten, Doss", sagte Baker. „Wir wollen dich in Sicherheit bringen."

„Nein, Sir", insistierte Doss. „Ihr wisst, dass eine Kopfverletzung Vorrang hat. Ihr müsst diesen Mann zurückbringen. Ich kann noch lange aushalten. Aber niemand weiß, wie lange dieser Typ noch durchhalten kann."

Er konnte sie schließlich überzeugen. Sie wälzten den bewusstlosen Mann auf die Trage und ließen Desmond allein zurück. Aber es dauerte nicht lange, bis jemand anderes des Weges kam. Doss erkannte ihn sofort. Es war Lewis Brooks aus Richmond. Er war ebenfalls getroffen worden, aber er war in der Lage zu laufen, und er bot Doss an, ihm so gut er konnte zu helfen. Doss stellte sich aufrecht und legte seinen linken Arm um den Hals von Brooks. Dieser stützte ihn zusätzlich, indem er einen Arm um seine Hüfte legte. Gemeinsam begannen sie, über das ramponierte Gelände Richtung Erste-Hilfe-Station zu humpeln.

Plötzlich spürte Desmond etwas wie einen Hammerschlag, der seinen Arm, den er um den Hals von Brooks gelegt hatte, traf. Direkt danach hörte er einen Gewehrschuss. Ein Heckenschütze! Die Kugel durchschlug Desmonds Unterarm und blieb in seinem Oberarm stecken. Er wusste, dass durch das Geschoss die Knochen sowohl unterhalb als auch oberhalb seines Ellbogens gebrochen waren. Aber wäre da nicht sein Arm gewesen, hätte die Kugel Brooks in den Brustkorb oder den Hals getroffen. Beide Männer knallten auf den Boden. Sie erspähten einen Granattrichter und schleppten sich kriechend hinein. Desmond musste mit der einen Hand den anderen Arm festhalten, um zu verhindern, dass er herumschlenkerte. Es war nicht einfach, mit nur einem Bein zu kriechen, während gleichzeitig beide Arme außer Gefecht gesetzt waren.

„Was können wir tun?" wollte Brooks wissen. „Es sind keine Sanitäter da, die dir helfen könnten."

„Du bist der einzige Sanitäter, den ich brauche."

„Wer, ich?", fragte Brooks „Was kann ich schon tun?"

„Ich werde es dir zeigen. Bau den Schaft von deinem Gewehr ab und gib ihn mir."

Brooks nahm sein Gewehr auseinander und warf den Gewehrlauf fort. Desmond hatte sein Erste-Hilfe-Set auf dem Hügel zurückgelassen, aber er hatte immer noch seine Feldjacke bei sich. Diese reichte er jetzt an Brooks weiter. „Hier, wickle die Jacke um den Gewehrschaft herum. Dann schau, ob du ein paar Stoffstreifen aus meinem Hemd reißen kannst und den Schaft damit an meinem Arm befestigen kannst. Dann binde das Ganze gegen meine Seite."

Im Granattrichter liegend gelang es Brooks, die Anweisungen umzusetzen. Dann starteten sie wieder. Sie konnten nur hoffen, dass der Heckenschütze weitergezogen war. Beide Verletzungen Desmonds verursachten inzwischen unerträgliche Schmerzen. Die Metallsplitter in seinem Bein und Gesäß – siebzehn an der Zahl – schnitten in sein Fleisch und scheuerten direkt am Knochen, sobald er nur sein Bein bewegte. Er litt unter dem großen Blutverlust und den Symptomen eines Kreislauf-Schocks.

„Ich kann nicht mehr weiter laufen", sagt er unvermittelt zu Brooks.

„Möchtest du dich setzen?", fragte Brooks.

Desmond dachte einen Moment nach. Auf was sollte er sitzen? Auf diesem total zerfetzten Gesäß? „Nein", sagte er.

„Wie wär's dann mit Hinlegen?", fragte Brooks.

Desmond konnte nur seinen Kopf schütteln. Ihm wurde immer schwärzer vor Augen. Er spürte, wie er in sich zusammensackte und langsam zu Boden sank.

KAPITEL 6

DIE GRÖßTE EHRE

Desmond schreckte hoch und wurde aus seinen Träumen gerissen. Außerhalb des Krankenhausfensters begann die Landschaft seines geliebten Virginia gerade, sich in rote, braune und gelbe Herbstfarbtöne zu tauchen.

Desmond drehte sich um und unternahm den Versuch, stramm zu stehen. Vor ihm stand Oberst Hackett L. Connor, der Befehlshaber des Krankenhauses. Er hatte ein Grinsen im Gesicht, das für einen Oberst höchst untypisch war.

„Kommando zurück, Corporal!", sagte er, und Desmond durfte sich wieder rühren. „Ihre Beförderung ist gerade durchgekommen, und ich dachte, ich berichte es Ihnen selbst."

„Danke Ihnen, Sir", antwortete Desmond. Trotz des freundlichen Tons des Oberst konnte Desmond sich nicht völlig entspannen. Er konnte es immer noch kaum glauben, dass er wirklich hier war, zu Hause, in Sicherheit, am Leben, in der Nähe seiner Lieben, und dass der Krieg vorbei war. Seit Monaten hatte er in einer Welt gelebt, die halb aus glückseligen Träumen und halb aus schrecklichen Albträumen bestand. Der Krieg hatte so lange gedauert, so schrecklich lange ...

Er war in der Sanitäts-Station des Bataillons erwacht. Sie hatten ihm eine massive Dosis Morphin verabreicht, und daraufhin war er wieder in einem Nebel versunken. Als er wieder zu sich kam, saß er auf einem Operationstisch in einem Feldhospital, weit hinter den Kampflinien. Er spürte unerträgliche Schmerzen, einmal an der Stelle, auf der er saß, und dann an der Stelle, wo die Ärzte gerade seinen gebrochenen Arm versorgten.

„Ich kann nicht sitzen", brummelte er. „Es tut so weh."

„Müssen Sie aber", beharrte einer der Ärzte. „Es ist die einzige Möglichkeit, wie wir bei Ihnen diesen Gipsverband anlegen können."

„Ich will aber nicht sitzen", murrte Doss. Er spürte, wie er wieder in die Bewusstlosigkeit abglitt. Plötzlich stieg ihm ein stechender Geruch in die Nase, und sein Kopf wurde wieder klar. Jemand hatte eine Ammoniak-Kapsel unter seiner Nase aufgebrochen.

„Sie müssen wach bleiben", befahl eine Stimme.

Während sie ihn mithilfe von Ammoniak und Plauderei bei Bewusstsein hielten, legten die Ärzte und ihre Helfer einen Gipsverband an, der den gesamten oberen Teil seines Körpers einschloss. Durch den Gipsverband wurde sein Arm in einem Winkel von 90 Grad in einer waagerechten Position gehalten, wobei der Ellbogen jedoch gebeugt war. Als der Gipsverband gehärtet war, ließen sie ihn endlich von seinem schwer verwundeten Gesäß hochkommen. Erst dann konnten sie ihm Äther geben, und nachdem sie ihn so betäubt hatten, konnten sie sich daran machen, die gezackten Metallsplitter zu entfernen, die sich in sein Bein gebohrt hatten.

Später holperte er in einem Krankenwagen über eine Straße Okinawas zum Hafen, wo ein Lazarettschiff wartete. Ein großer, klobiger Gipsverband bedeckte ihn von seiner Taille bis zum Hals. Sein an vielen Stellen aufgerissenes Bein war rundherum bandagiert. Die wenigen noch übrigen Körperteile lagen splitternackt unter der Soldatendecke.

Seine Bibel! Wo war Dorothys Bibel? Er tastete nach ihr mit seiner gesunden Hand. Sie war nicht da.

Am Hafenbecken rief er nach dem Krankenwagenfahrer: „Meine Bibel!", keuchte er. „Ich habe meine Bibel verloren!"

„Schon gut", beschwichtigte ihn der Fahrer. „Sie werden Ihnen auf dem Schiff eine besorgen."

„Nein, nein!", rief Desmond, beinahe schon hysterisch. „Ich möchte meine Bibel – die, die meine Frau mir geschenkt hat." Er beharrte darauf, dass der Fahrer an seine Freunde in der Sanitäts-Station des Bataillons die Nachricht übermittelte, dass sie bitte nach seiner Bibel suchen sollten – der Bibel, die Dorothys Brief enthielt. In seiner Erregung realisierte er gar nicht, was für eine aussichtslose Hoffnung das war. Man bläst keinen Krieg ab, nur um den Dschungel nach einer Bibel abzusuchen!

Allmählich kam er wieder zu sich. Sein Bein begann zu heilen, obwohl es noch eine Weile dauern würde, bis er wieder darauf laufen konnte. Der

Gipsverband war furchtbar unbequem, aber der Gedanke daran, dass er auf dem Weg nach Hause war, ließ ihn auch das ertragen.

Das Lazarettschiff brachte ihn bis nach Guam. Von hier aus wurde er nach Hawaii geflogen, wo er voller Ungeduld einige Wochen ausharren musste. Unter seinem Gipsverband fühlte er sich schmutzig und eklig; er konnte seinen eigenen Geruch nicht ausstehen. Dann sah er einen anderen Patienten mit einem leichten Gipsverband aus Aluminiumrohren.

„Warum kann ich nicht auch so einen haben?", fragte er einen der Stationsmitarbeiter.

„Weil Ihr Gips sich noch in einem sehr guten Zustand befindet", erklärte der Mitarbeiter und warf seinem Sanitäterkollegen einen vielsagenden Blick zu.

Desmond hatte verstanden. Er fing an, seinen Gipsverband zu bearbeiten, machte ihn mit Wasser nass, stocherte daran herum, und es dauerte nicht lange, bis er ihn ruiniert hatte. Und schon bekam er seinen neuen, leichten Oberarmabduktionsgips.

Endlich, zwei Monate nachdem er getroffen worden war, kam er in den Vereinigten Staaten an. Von Fort Lewis in Washington aus rief er Dorothy an und hörte zum ersten Mal nach zwei Jahren wieder ihre Stimme.

Die einzelnen Etappen der Reise, bis er dann endlich zuhause war, dauerten eine qualvoll lange Zeit. Die Militärrichtlinien besagten, dass alle Männer so nah wie möglich an ihr Zuhause geschickt werden sollten. Desmond landete in dem Armeekrankenhaus in Swannanona, North Carolina. Seine Mutter und sein Vater kamen ihn dort besuchen.

Dorothy allerdings war zurück aufs College gegangen und stand kurz vor ihrem Abschluss – es war nur eine Sache von Tagen, dass sie ihr Diplom erhalten sollte. Desmond erhielt die Zusage, dass er, sobald er in der Lage war zu reisen, auf Heimaturlaub gehen könnte, und er bestand darauf, dass Dorothy nicht zu ihm kam, sondern am College blieb und ihre Graduierung abwartete. Bis es so weit war, würde er selbst kommen können.

Endlich kam der Tag. Mit seinem abgewinkelten Arm in dem überfüllten Bus wirkte er unbeholfen, und das Granulationsgewebe seiner sich in Heilung befindlichen Beinwunden schmerzte, besonders, wenn er sich setzte.

Aber er war auf dem Weg nach Hause!

Drei schwere Feldzüge hindurch hatte Desmond seinen Mann gestanden. Während andere um ihn herum unter der Belastung zusammenbrachen, hatte er seine Beherrschung und Gemütsruhe sowie Entschlossenheit und Zielstrebigkeit bewahrt. In einem überfüllten Busbahnhof, mehr als 15.000 Kilometer von dem Kampfgeschehen an der Front entfernt, in den Armen seiner Geliebten, konnte Desmond endlich seinen Tränen ungeniert freien Lauf lassen. Es waren Freudentränen, die ihm dort die Wange herunterliefen.

Inmitten dieses Glücks vergaß er nicht, Gott im Himmel für die Bewahrung vor dem Tod zu danken. Von seinem Monatsgehalt gab er einen zweiten Zehnten an seine Gemeinde, aus Dankbarkeit darüber, dass er lebend wieder zurückkehren durfte.

Während er in Swannanoa war, erhielt er einen warmherzigen Brief von Unteroffizier Howell, seinem Freund aus dem Sanitäts-Bataillon, über den er sich sehr freute. All die alten Kumpels von Desmond sandten ihre besten Wünsche. Die Divisionszeitung hatte einen begeisterten Bericht über seine Heldentat auf dem Steilhügel veröffentlicht; Howell hatte ihn beigelegt. Es war die Rede davon, dass Desmond für eine hohe Auszeichnung empfohlen wurde, vielleicht sogar die Tapferkeitsmedaille des Kongresses [Medal of Honor], die höchste militärische Auszeichnung der amerikanischen Regierung. Eine Nachricht jedoch schockierte ihn und machte ihn traurig: Hauptmann Vernon war getötet worden, als eine Mörsergranate einen direkten Volltreffer auf den Kommandoposten der Kompanie landete.

Und sie hatten Desmonds Bibel wiedergefunden! Die ganze Kompanie war angetreten, um nach ihr zu suchen. Vor seinem inneren Auge sah Desmond die grün-gekleideten Soldaten ausschwärmen und in Granattrichtern oder unter Trümmern herumstöbern, während sie gleichzeitig die ganze Zeit mit Argusaugen nach versteckten Sprengladungen oder Heckenschützen Ausschau hielten. Er konnte seine Tränen nicht unterdrücken. Sich vorzustellen, dass diese Männer das für ihn tun würden! Das konnte nur bedeuten, dass sie für ihn dieselbe Liebe und Achtung empfanden, die er ihnen gegenüber empfand.

Aber er empfand nicht nur die Suche nach der Bibel als ein großes Kompliment und eine Anerkennung seiner Person, sondern er jubelte innerlich darüber, dass diese Suche nach der Heiligen Bibel diese Männer sicher näher zu Gott gebracht hatte – davon war er überzeugt.

Die Bibel wurde zu Dorothy gesandt. Obwohl durchnässt und mit Buchdeckeln, die kurz vor dem Abfallen waren, befand sie sich immer noch in einem passablen Zustand, und Desmond ließ sie später neu binden. Auch seine wöchentliche Sabbatschul-Lektion, die er gerade studiert hatte, fand er an der entsprechenden Stelle zwischen den Seiten der Bibel. Sie trug das Datum vom 26. Mai 1945. Am 21. Mai, einem Montag, war er verwundet worden.

Als seine Knochenbrüche schließlich soweit verheilt waren, dass der Gipsverband wieder abgenommen werden konnte, war das Woodrow Wilson Hospital nahe Staunton, Virginia, seine nächste Station. Hier musste er sich einer Operation unterziehen, bei der die Kugel aus seinem Arm entfernt wurde. Endlich waren auch die Zukunftsaussichten wieder erfreulich. Es war Anfang Oktober 1945. Der Krieg war vorbei, sowohl in Europa, als auch in Japan. Die Jungs waren auf dem Weg nach Hause.

Und jetzt war er zum Unteroffizier befördert worden – er war Corporal Doss. „Das ist aber noch nicht alles, Corporal", sagte Oberst Conner. „Ich habe heute die sehr große Ehre, Sie darüber informieren zu dürfen, dass Sie die Tapferkeitsmedaille des Kongresses verliehen bekommen habe, die höchste Ehrung unseres amerikanischen Vaterlands."

„Sir?", fragte Desmond. „Äh, ich meine ..." – seine Stimme stockte. Die Tapferkeitsmedaille des Kongresses, die höchste Auszeichnung der Nation, wurde nur den Helden der Nation für außergewöhnliche, weit über die Pflichterfüllung hinausgehende Tapferkeit in einem realen Gefecht verliehen. Kein Matrose, kein Soldat, kein Marine-Infanterist, kein General, kein Admiral konnte eine größere Auszeichnung erhalten.

Durch seinen Kopf schoss ein Wirrwarr widersprüchlicher Gedanken. Er empfand Dankbarkeit und Stolz, aber auch das genugtuende Gefühl, rehabilitiert worden zu sein. Er erinnerte sich an die schlimme Nacht in der Kaserne von Fort Jackson, als über die Betten hinweg die Kampfstiefel geschleudert kamen, die einen verängstigten jungen Rekruten, der zum Gebet niedergekniet war, treffen sollten. Es waren genau diese Männer und andere wie sie, Offiziere und gemeine Soldaten, mit denen er im Training und in der Schlacht gemeinsam Dienst getan hatte, die ihn jetzt für die höchste Auszeichnung der Nation empfohlen hatten.

Aber er empfand auch Traurigkeit und Schmerz. Desmond dachte an Clarence Glenn mit dem fröhlichen Gesicht, das nie mehr lächeln würde; an Herb Schechter, dessen ruhige ehrliche Stimme nie mehr zu hören sein würde; an den unerschrockenen Hauptmann Vernon, der nie wieder einen

Befehl erteilen würde; an all die anderen guten Kumpel, die den höchsten Preis gezahlt hatten.

Sogar in einem Moment wie diesem dachte Desmond an andere. Sie, so dachte er, waren diejenigen, die diese Ehre verdient hätten. Und wie es seine glaubensmäßige Überzeugung war, dachte er auch an die Macht, welche ihn sicher durch alles hindurch getragen hatte. Er beugte sein Haupt und sagte Gott voller Demut Dank für alles.

Die Verleihung des Ordens sollte vor dem Weißen Haus stattfinden, und es waren nur noch einige Tage bis zu dem Ereignis. Wenige Tage nachdem Oberst Conner Desmond zum ersten Mal von der Sache erzählt hatte, traf er ihn wieder draußen auf dem Flur. Auf Desmonds Uniform prangte noch immer das Rangabzeichen des Obergefreiten.

„Wenn ich diesen Streifen noch einmal an Ihnen sehe, werde ich ihn eigenhändig abreißen", sagte der Oberst. Er sandte einen seiner Stabsangehörigen, einen Oberleutnant, der dafür sorgen sollte, dass Desmond mit einer komplett neuen Uniform ausstaffiert wurde, die all die entsprechenden Insignien und Rangabzeichen trug. Zusätzlich zu den Streifen auf beiden Ärmeln, die ihn als Corporal auswiesen, trug er auf seinem linken Arm den Aufnäher mit der Freiheitsstatue der 77. Division, sowie zwei kleine goldene Horizontalstreifen, die zwei sechsmonatige Überseeperioden anzeigten, und einen diagonalen Dienstzeit-Streifen, der für drei Jahre im Militärdienst stand. Über seiner linken Brusttasche trug er Bänderorden wie die Bronze-Star-Medaille für Tapferkeit, mit Eichenlaub, das „Purple Heart", ebenfalls mit doppeltem Eichenlaub, die Medaille für gutes Verhalten, die amerikanischen Streifen mit drei bronzenen Sternen für den Pazifikkrieg (Okinawa, Guam und Leyte mit Pfeilspitze für amphibische Landung) und die Auszeichnung für die Philippinische Befreiung mit einem Stern. Über diesem „Weihnachtsbaum" befand sich noch das Dienstabzeichen der Kriegssanitäter. Über seiner rechten Brusttasche trug er den kleinen blauen Streifen, der ein Symbol war für die Verleihungsurkunde, die der Einheit des 1. Bataillon, 307. Infanterie, „für den Sturmangriff, die Einnahme und Sicherung des Steilhügels" vom Präsidenten überreicht worden war.

Drei Tage vor der feierlichen Zeremonie holte ein Krankenhausmitarbeiter Dorothy von Richmond ab und brachte sie zum Krankenhaus. Der Oberst stellte sein offizielles Kommandofahrzeug, inklusive Chauffeur, für die etwa

250 km lange Reise nach Washington zur Verfügung. Desmond war einer von fünfzehn Männern, denen der Orden in einer gemeinsamen feierlichen Zeremonie auf dem Rasen des Weißen Hauses überreicht werden sollte. Drei Tage vor dem Ereignis begann bereits der Ansturm auf die Stadt. Desmond und Dorothy sowie Desmonds Eltern waren im Willard Hotel untergebracht – als Gäste der Vereinigten Staaten. Sie belegten eine Luxus-Suite.

Dann kam es zur Verleihungsfeierlichkeit. Desmond schaute sich nach den anderen Männern um, die sich auf dem Rasen des Weißen Hauses versammelt hatten. Dank seiner Überzeugungen von einem wahrhaft genussvollen, abstinenten Lebensstil war er unbestritten der Frischeste und Aufgeweckteste von allen. Ein Mann kam beispielsweise zu spät und hatte einen unübersehbaren Kater.

Während Desmond dort in steifer Haltung stramm stand und darauf wartete, dass er an der Reihe war, vor Harry S. Truman, den Präsidenten der Vereinigten Staaten, zu treten und von ihm den Orden sowie anschließend die Glückwünsche von Fünf-Sterne-General George Catlett Marshall zu empfangen, spürte er, wie seine Knie zitterten. Ein Mann nach dem anderen trat vor, lauschte der vom Präsidentenberater vorgenommenen Verlesung seiner persönlichen Verleihungsurkunde und empfing dann die Medaille und einen Händedruck vom Präsidenten, während Kameraleute der Wochenschau und Zeitungsfotografen Fotos schossen. Desmond erwartete, dass er sich unbehaglich fühlen sowie nervös und verlegen sein würde, wenn er Präsident Truman gegenübertrat.

Jetzt war er an der Reihe. Er trat vor und blieb – wie bei der Probe eingeübt – vor der Schnur stehen, die auf dem Rasen vor dem Präsidenten lag. Truman wusste offensichtlich, um wen es sich bei Doss handelte. Er tat etwas, was er bei den anderen nicht gemacht hatte. Er trat selbst über die Schnur hinweg, schüttelte Desmonds Hand mit einem herzhaften Händedruck und ließ ihn völlig entspannt werden. Während der gesamten Verlesung der Verleihungsurkunde ließ der Präsident Desmonds Hand nicht los.

Folgender Text wurde für Desmond verlesen:

Obergefreiter Desmond T. Doss war Sanitäter der Sanitäts-Abteilung der 307. Infanterie, als das 1. Bataillon dieses Regiments den 120m hohen zerklüfteten Steilhang nahe Orasoo-Mura auf Okinawa, einer der Ryukyu-Inseln, am 29. April 1945 attackierte.

Bei der Einnahme des Gipfels durch unsere Truppen waren sie einem Feuersturm von schwerstem Artillerie-, Granaten- und Maschinengewehrbeschuss ausgesetzt, der rund 75 Verletzte kostete und die anderen zum Rückzug zwang. Gefreiter Doss weigerte sich, in Deckung zu gehen, und verblieb in dem Kugelhagel dieses Areals bei den vielen Verletzten, um sie einen nach dem anderen zur Kante des Steilhangs zu tragen und dort über eine mit Seilen gesicherte Trage über die Felswand in die Hände der eigenen Truppe hinunterzulassen.

Am 2. Mai setzte er sich selbst dem heftigen Maschinengewehr- und Granatenfeuer aus, als er einen Verwundeten rettete, der sich etwa 200 Meter vor der Kampflinie auf demselben Steilhang befand; und zwei Tage später versorgte er vier Männer, die schwer verletzt worden waren beim Angriff auf eine stark verteidigte Höhle, wobei er durch einen Granatenschauer marschierte, bis er nur noch etwa sieben Meter von den feindlichen Streitkräften in der Höhlenöffnung entfernt war. Dort verband er dann die Wunden seiner Kameraden, bevor er sie nacheinander einzeln – also in vier Einsätzen insgesamt – unter Kugelhagel wegtransportierte, um sie in Sicherheit zu bringen.

Am 5. Mai hielt er mutig und ohne zu zögern dem feindlichen Granaten- und Handfeuerwaffenbeschuss stand, um einem Artillerie-Offizier zu helfen. Er versorgte ihn mit Verbandsmaterial, zog seinen Patienten dann zu einem Punkt, der Schutz vor dem Handfeuerwaffenbeschuss bot, und verabreichte ihm dann in mühevoller, gründlicher Kleinarbeit Blutplasma, während Artillerie- und Mörsergeschosse neben ihm einschlugen. Später am Tag, als ein Amerikaner durch den Beschuss aus einer Höhle schwer verwundet wurde, kroch Obergefreiter Doss zu dem Punkt, wo er gestürzt war, nur etwa acht Meter von der feindlichen Stellung entfernt, leistete ihm Erste Hilfe und trug ihn 100m weit in Sicherheit, während er ununterbrochen dem feindlichen Kugelhagel ausgesetzt war.

Am 21. Mai, bei einem Nachtangriff auf den Höhen nahe Shuri, verblieb er in einem unter Attacke stehenden Territorium, während der Rest seiner Kompanie in Deckung ging, riskierte er todesmutig die Möglichkeit, dass er für einen eindringenden Japaner gehalten würde, und versorgte die verwundeten Soldaten solange, bis er selbst durch die Explosion einer Granate schwerste Verletzungen an seinen Beinen erlitt. Anstatt einen anderen Sanitäter aus der Deckung herbeizurufen, versorgte er seine eigenen Verletzungen selbst und wartete fünf Stunden, bevor die Träger ihn erreichten und sich anschickten, ihn in die Schutzzone zu tragen.

*Das Trio wurde von einem feindlichen Panzerangriff überrascht, und Ober-
gefreiter Doss, der in der Nähe einen Mann erblickte, der kritischer verletzt war
als er selbst, kroch von der Trage herunter und befahl den Trägern, zuerst den
anderen Mann zu versorgen. Als er auf die Rückkehr der Träger wartete, wurde
er ein weiteres Mal getroffen. Diesmal erlitt er einen Trümmerbruch eines Arms.
Mit bewundernswerter innerer Stärke band er einen Gewehrgriff als Schiene an
seinen zertrümmerten Arm und kroch dann etwa 300m über unwegsames Gelände allein zur Sanitäts-Station.*

*Durch seinen außerordentlichen Mut und seine unbeirrbare Entschlossenheit
im Angesicht schrecklich gefährlicher Situationen rettete Obergefreiter Doss das
Leben vieler Soldaten. Sein Name wurde innerhalb der 77. Infanterie-Division
zu einem Symbol für außerordentliche, weit über die Dienstverpflichtung hinausgehende Tapferkeit.*[4]

„Ich bin stolz auf Sie", sagte der Präsident. „Sie haben sich die Auszeichnung wirklich verdient. In meinen Augen ist die Ehre Ihres Verdienstes eine
weit größere, als die Ehre, Präsident zu sein." Dann hängte er den Orden,
diese höchste Ehrung der Nation, um Desmonds Hals.

Danach schritt General Marshall die Reihe der Männer ab und gratulierte
jedem einzelnen Ordensempfänger. Das war ein weiterer aufregender Moment. Das Dokument, das festlegte, dass Desmond nicht gezwungen sein
würde, eine Waffe zu tragen, war damals von Marshall unterzeichnet worden.
Und Desmond hatte es während des gesamten Krieges bei sich getragen.

Das Kriegsministerium hatte eine umfangreiche Pressemeldung über Desmonds Ordensverleihung herausgegeben. Seine Begleiter ergatterten etliche
Kopien davon, und Desmond und Dorothy sowie ihre Eltern lasen den Bericht gemeinsam:

Folgende Meldung wurde heute vom Kriegsministerium herausgegeben:
*Ein Kriegsdienstverweigerer, der dem Sanitäts-Korps der Armee der Vereinigten
Staaten unterstellt war, Obergefreiter Desmond T. Doss aus Lynchburg, Virgi-
nia, legte eine derart außerordentliche heldenhafte Tapferkeit und unerschrockene*

---

4   Obwohl die in der Verleihungsurkunde beschriebenen Ereignisse natürlich wahr sind,
stützen sie sich auf die flüchtigen Erinnerungen der Männer, die in der unmittelbaren
Nähe der beschriebenen Aktionen waren, und ihre Beschreibung der Ereignisse weicht,
was die Reihenfolge betrifft, von dem tatsächlichen Ablauf ab.

Zielstrebigkeit an den Tag, als er seine verwundeten Kameraden im erbitterten Okinawa-Feldzug notfallmäßig versorgte, dass ihm dafür die Tapferkeitsmedaille überreicht wurde.

Die höchste Auszeichnung der Nation geht an den 26 Jahre alten Soldaten, der, obwohl er keine Waffen trug, so viele Heldentaten auf den Schlachtfeldern von Guam, Leyte und Okinawa vollbrachte, dass sein Name innerhalb der 77. „Freiheitsstatuen"-Infanterie-Division zu einem Symbol für außerordentliche Tapferkeit und Todesmut wurde.

Die Ehefrau von Obergefreiter Doss, Dorothy Pauline, wohnt in der Route Nr. 9, Box 66, in Richmond, Virginia; und seine Eltern, Herr und Frau William T. Doss, wohnen in der Easley-Avenue Nr. 1835 in Lynchburg.

Der Orden wird Obergefreiter Doss durch Präsident Truman am Freitag, den 12. Oktober, im Weißen Haus überreicht werden.

Von allen Kämpfern der 77. Division, angefangen von den Generälen bis zu den Gefreiten, erhielt Obergefreiter Doss, ein Mitglied der Sanitätsabteilung der 307. Infanterie, 1. Bataillon, die uneingeschränkte Anerkennung und grenzenloses Lob.

Brigadier Edwin H. Randle, befehlshabender General der Division, beteuerte: „Dieser Soldat hat sich durch seine unermüdliche Hingabe und sein Pflichtbewusstsein, sowie durch seine Tapferkeit und Unerschrockenheit unter Einsatz seines Lebens, weit über die Dienstverpflichtung hinaus, den Respekt, die Bewunderung und die Liebe seiner ganzen Division erworben."

Das Ganze ist umso bemerkenswerter, weil Obergefreiter Doss bereits bei seiner Einberufung in den Militärdienst ein Kriegsdienstverweigerer aus Gewissensgründen war und es noch immer ist. Er weigerte sich, eine Waffe zu tragen oder auch nur zu berühren. Nach seiner Einberufung transferierte ihn sein Befehlshaber zur Sanitätsabteilung des Bataillons, wo er zum Kompanie-Sanitäter ausgebildet wurde, weil er zusammen mit den Soldaten an der Front sein wollte.

Auch im Guam- und Leyte-Feldzug bewies Obergefreiter Doss die gleichen Qualitäten. Egal wie schwer der Kugelhagel war, er blieb auf dem Gefechtsfeld und versorgte die Verwundeten ohne Rücksicht auf die Gefahr oder die Konsequenzen für ihn persönlich.

Obergefreiter Doss wurde für seine ganz speziellen herausragenden Heldentaten auf Okinawa, einer der Ryukyu-Inseln, zwischen dem 29. April und dem 21. Mai 1945 mit der Medal of Honor des Kongresses ausgezeichnet.

Oberleutnant Onless C. Brister, wohnhaft in der Central Avenue Nr. 245 in Winona, Mississippi, hob hervor: „Obergefreiter Doss war allezeit vorn an der Frontlinie, um die verletzten Männer zu versorgen. In etlichen Situationen trotzte er tapfer dem heftigen feindlichen Handfeuerwaffen- und Mörserbeschuss, um Erste Hilfe zu leisten und Männer zu bergen, die verletzt worden waren."

Oberleutnant Cecil L. Gornto aus Live Oak, Florida, war der Anführer des 1. Zugs von Kompanie B, der Obergefreiter Doss vom 29. April bis zum 8. Mai zugeteilt war.

„Am Morgen des 29. April", erzählte Oberleutnant Gornto, „kam es zu schwerem Mörserbeschuss in dem Gebiet, und irgendjemand rief nach einem Sanitäter. Obergefreiter Doss verließ sein Loch und kletterte auf die Hügelkuppe. In völliger Dunkelheit fand er den verwundeten Mann und leistete ihm Erste Hilfe. Sobald es hell genug war, konnte ich ihn beobachteten, wie er den Verwundeten über die Felswand mit einem Seil hinunterließ, um ihn in Sicherheit zu bringen. Diesem Mann waren beide Beine weggesprengt worden."

Eine weitere Episode aus der langen Reihe von Heldentaten höchster Qualität, die Desmond Doss vollbrachte, wurde von Leutnant Kenneth L. Phillips, wohnhaft Route Nr. 3 in Lexington, North Carolina, erzählt.

„Am 5. Mai, während einer heftigen Granatenschlacht in der Umgebung von Kakazu", so berichtete Leutnant Phillips, „wurden vier Männer schwer verwundet, als sie versuchten, eine Höhle in die Luft zu jagen. Sie standen unter einem brutalen Beschuss von Granaten- und Minenfeuer, das auf sie niederprasselte. Unter völliger Missachtung seiner eigenen Sicherheit, arbeitete sich Obergefreiter Doss vier Mal vor und schleppte jeden der verwundeten Männer in Sicherheit."

Obergefreiter Carl B. Bentley aus Fulshear, Texas, erzählte von einer Begebenheit am 2. Mai.

„Obergefreiter Doss hörte von einem Mann, der sich an vorderster Linie zwischen den Fronten befand, zwischen unserer und der feindlichen Kampflinie. Er begab sich dorthin und brachte diesen Mann unter sehr schwerem Gewehrfeuer und Beschuss von Knie-Mörsern in Sicherheit."

Der Höhepunkt in der erstaunlichen Kriegskarriere des Mannes aus Virginia, diesem Engel der Barmherzigkeit in der Gestalt eines Mannes, ereignete sich in der Nacht vom 21. Mai, als er schwer verwundet wurde. Diese Verletzung brachte ihm die Verleihung von „Eichenlaub" ein, welches er zusätzlich zu dem „Purple Heart" erhielt, das er sich am 10. Mai verdiente, als er eine weniger schwere

Verletzung erlitt. Ralph E. Baker, Techniker 5. Grades und einer der Sanitäter des 1. Bataillons, erzählt die Geschichte:

„Am 21. Mai wurde Obergefreiter Doss durch eine feindliche Granate verwundet. Anstatt einen anderen Sanitäter herbeizurufen und ihn aus der Sicherheit seines Schützenlochs herauszuholen, behandelte Obergefreiter Doss seine eigenen Wunden selbst und verabreichte sich, als der Schmerz zu stark wurde, selbst eine Morphinspritze.

Am Morgen, beinahe sechs Stunden später, fanden ihn Krankenträger und luden ihn auf. Nachdem sie ihn etwa 50 Meter getragen hatten, mussten die Träger aufgrund der Explosionen von Mörsergranaten kurzfristig anhalten. Obergefreiter Doss kroch von der Trage herunter und wies die Sanitäter an, zuerst die Männer auf ihrer Trage mitzunehmen, die noch ernsthafter verwundet waren.

Während er dort lag, wurde er ein zweites Mal verwundet. Er band einen Gewehrgriff an seinen zertrümmerten Arm, um ihn damit zu schienen, und kroch dann trotz all seiner Verletzungen selbständig zur Sanitäts-Station.“

Obergefreiter Doss, der am 7. Februar 1919 in Lynchburg geboren wurde, trat am 1. April 1942 im Camp Lee, Virginia, in die Armee ein. Vor seiner Einberufung war er Bootstischler gewesen. Für seinen verdienstvollen Einsatz als Sanitäter vom 7. bis 21. Dezember 1944 auf der philippinischen Insel Leyte wurde ihm die Bronze-Star-Medaille verliehen.[5]

Als Krönung des Ganzen wurde Desmond ein zehntägiger Heimaturlaub gewährt. Er und Dorothy fuhren zu Dorothys Wohnung in Richmond. Seit Wochen schon hatte er sich darum bemüht, ins dortige McGuire-Allgemeinkrankenhaus verlegt zu werden. Inzwischen war er in der Lage, sich einigermaßen gut von Ort zu Ort zu bewegen. Sein Bein war fast so gut wie neu, abgesehen von einigen wenigen kleinen Metallsplittern, die nicht entfernt worden waren und gelegentlich Schmerzen verursachten. Die Knochen seines zertrümmerten Arms waren wieder zusammengewachsen, die Kugel war entfernt worden, und der Schnitt war gut verheilt. Man hatte Desmond mitgeteilt, dass er nie mehr imstande sein würde, seinen Arm zu gebrauchen, aber er war überzeugt, dass er mit Gottes Hilfe und eigenen kontinuierlichen Anstrengungen und Bewegungsübungen die alte Kraft und Mobilität seines Armes zurückerlangen könnte.

---

5   Auch in diesem Bericht gibt es kleine Diskrepanzen.

In der nahen Zukunft sollte er seine ehrenhafte Entlassung erhalten. Er hatte sich noch nicht entschieden, unter welchen Vorzeichen diese Entlassung stattfinden sollte. Er könnte beantragen, dass er aufgrund der Sonderkonditionen für Empfänger der Tapferkeitsmedaille entlassen würde, oder er könnte als kampfunfähiger Veteran entlassen werden, oder auch aufgrund der hohen Anzahl an Punkten, die er sich durch den Dienst in Übersee und auf dem Schlachtfeld erworben hatte und die ihn für die Entlassung qualifizierten.

Da seine Entlassung aus dem Dienst ohnehin bevorstand, wäre es eine große Annehmlichkeit für ihn, wenn er im McGuire-Hospital untergebracht werden könnte, sodass er in der Nähe von Dorothy wäre. Eines Tages schaute er einfach bei dem Krankenhaus vorbei, um nachzufragen, ob es eine Möglichkeit gäbe, wie er die Verlegung aus dem Woodrow Wilson Hospital beschleunigen konnte. Die Geschichte des Kriegsdienstverweigerers, der die Tapferkeitsmedaille des Kongresses verliehen bekommen hatte, war von den Zeitungen im gesamten Land, tatsächlich sogar in der gesamten Welt, verbreitet worden. In Richmond, dem Wohnort Dorothys, hatten die Zeitungen aufgrund ihrer direkten Verbindung mit der Geschichte viele Seiten dem heldenhaften Sanitäter gewidmet. Als er das Verwaltungsgebäude betrat, wurde er sofort erkannt und in das Dienstbüro des Befehlshabers eskortiert.

„Sie brauchen keinen Transfer", erklärte er Desmond. „Sie müssen nicht einmal zum Woodrow Wilson Hospital zurückkehren. Wir werden die Nachricht übermitteln, dass Sie sich nicht wohl gefühlt haben und deshalb hier während ihres Heimaturlaubs vorstellig geworden sind."

„Oh nein", sagte Desmond. Er war es von seinem Militärdienst gewohnt, nicht den Weg des geringsten Widerstands zu gehen. „Ich werde dort hinfahren und mich persönlich abmelden."

In der Zwischenzeit hatte Desmond einen weiteren Auftritt. Seine Heimatstadt Lynchburg machte ein großes Geschrei, dass er zu ihnen kommen sollte, weil sie ihm einen heldenhaften Empfang bereiten wollten. Schnell wurde das Ganze organisiert. Er wurde am Bahnhof von Vertretern der Stadt in Empfang genommen und in einem offenen Wagen, begleitet von einer ganzen Militärparade, die Hauptstraße entlang gefahren. Musikkapellen spielten, und Spruchbänder priesen ihn als den „Wundermann von Okinawa". Der Posten 16 der Veteranenorganisation American Legion nahm ihn als Mitglied auf Lebenszeit auf.

Ende Oktober kehrte Desmond zum Woodrow Wilson Hospital zurück, um seine Verlegung in die Wege zu leiten. Als Oberst Conner ihm begegnete, salutierte er mit der großen Ehrenbezeugung. Als Desmond verlegen dreinschaute, sagte der Oberst: „Denken Sie immer daran, Soldat, die Tapferkeitsmedaille verdient dieselbe Ehrenbezeugung, die einem Fünf-Sterne-General erwiesen wird."[6]

Und so kehrte Desmond zum McGuire-Hospital in Richmond zurück. Er hatte einen Passierschein der Klasse A, was bedeutete, dass er kommen und gehen durfte, wie er wollte. Er hatte schon lange darüber nachgedacht, was er gern nach seiner Entlassung aus dem Militär tun würde. Obwohl sein linker Arm schon etwas kräftiger geworden war, wusste er, dass es ihm nicht möglich war, zurück in seinen alten Beruf als Tischler zu gehen – oder auch irgendeinen anderen Handwerksberuf, der zwei gesunde Arme erforderte. Allerdings kundschaftete er zwei andere interessante Möglichkeiten aus, wie er seinen Lebensunterhalt verdienen könnte.

Während seines Aufenthalts im Swannanoa-Hospital hatte er ein Wochenende in dem Heim eines Freundes verbracht, der Florist war. Der Freund hatte einige Blumenkränze anzufertigen gehabt, und Desmond hatte ihm dabei geholfen. Er war überaus zufrieden mit dem Kranz, den er gebunden hatte; er fand, dass er mindestens so schön war wie die von den Profis angefertigten Kränze.

Desmond hatte immer schon Blumen geliebt. Als Kind und später als Jugendlicher hatte er Blumen und blühende Sträucher gepflegt und gezüchtet. Im Moment gab es viele Diskussionen um das neue Soldatenrecht, das Veteranen darin unterstützen sollte, sich wieder im Zivilleben zu etablieren. Vielleicht, so dachte Desmond, würde die neue Gesetzgebung ihm Möglichkeiten eröffnen, mehr über Blumen und das Floristik-Geschäft zu lernen und vielleicht sogar seinen eigenen Blumenladen zu eröffnen.

---

6   Dies ist ein verbreitetes Missverständnis. Viele hohe Offiziere salutieren gegenüber den Empfängern der Medal of Honor, aber es ist eine Frage der persönlichen Entscheidung, keine Vorschrift. Die Bestimmungen im Jahr 1945 boten die Möglichkeit, dass ein Empfänger der Medal of Honor in einem Militärflugzeug mitfliegen durfte, wenn Platz vorhanden war, dass sein Sohn besondere Unterstützung erhalten konnte, wenn er eine Bewerbung für West Point oder Annapolis einreichte, und dass er monatlich 2 Dollar bzw. eine Pension von 120 Dollar jährlich erhalten würde, wenn er das 65. Lebensjahr erreicht.

Die andere Möglichkeit, über die er nachdachte, hatte ebenfalls mit schönen lebenden Organismen zu tun – wenn auch ein gewisser Unterschied zu Blumen bestand. In Richmond war er eines Tages an einem kleinen Geschäft mit Tropenfischen vorbeigekommen, und sein Interesse an diesen Tierchen wurde geweckt. Der Eigentümer freute sich über sein Interesse und wollte ihm noch mehr Appetit machen. Er erzählte ihm, man könnte sich mit der Aufzucht und dem Verkauf von exotischen Fischen leicht einen guten, angenehmen Lebensunterhalt erwirtschaften.

Was für die Zukunft aber mit Sicherheit feststand, war, dass Desmond, um es mit den Worten des 91. Psalms auszudrücken, „unter dem Schatten des Allmächtigen" bleiben würde. Sein Soldatengehalt und sonstige Zuwendungen liefen weiter. Er war Träger der höchsten Auszeichnung der Nation.

Nach so langer Zeit konnten er und Dorothy nun endlich beginnen, die Familie zu gründen, von der sie so viele Jahre geträumt hatten. Beide liebten Kinder. Sie waren jung und mutig und hatten keinen Zweifel, dass sie ihren Kindern ein gutes Zuhause in einem christlichen Elternhaus bieten konnten.

Wenn es überhaupt möglich war, Desmonds Glauben an Gott noch stärker zu machen und ihn in seinem Verlangen zu bestärken, Gott und seinen Mitmenschen zu dienen und das Evangelium zu verbreiten, dann hatte seine Feuerprobe im Südpazifik genau das bewirkt. Zu viele Male war es geschehen, dass er – bei seinen Botengängen der Barmherzigkeit – sich an einem Ort bewegt hatte, wo er dem Beschuss von Handfeuerwaffen, Granaten und sogar Artillerie ausgesetzt war, ohne auch nur eine Schramme davonzutragen, als dass er nicht überzeugt sein musste, dass Gott ihn beschützt hatte. Ja, er war verwundet worden, sogar ernsthaft, aber er war am Leben, er war zu Hause, er war wieder gesund – und er war unendlich dankbar.

Er fasste überdies den Entschluss – zur Ehre Gottes und aus Dankbarkeit und in Anerkennung dessen, was Gott für ihn getan hatte – dass er überall hingehen würde, wo er einen Auftrag seiner Gemeinde erhalten würde, und zu jeder Gruppe, die ihn als Sprecher hören wollte, und dass er in jeder nur erdenklichen Weise das Werk des Herrn und seiner Gemeinde fördern und vorantreiben wollte.

Der Glaube, der den Mann formte

VORSTELLUNG DER PERSON

W eißt du, wer das ist?" Der Diakon stieß mir mit seinem Ellenbogen in die Rippen, während seine Augen vor Begeisterung weit geöffnet waren. Er deutete zu einem älteren Herrn, der sich in unserer kleinen, ländlichen Kirche seinen Weg nach vorne bahnte. Ich erkannte den Mann zuerst nicht, doch musste ich auch nicht lange warten, um es herauszufinden. „Das ist Desmond Doss!"

Und gleich darauf konnte ich nicht anders, als auch dieselbe Begeisterung zu verspüren. Ich las erst vor kurzem Desmonds erstaunliche Geschichte *The Unlikeliest Hero* (dt. Der unwahrscheinlichste Held) meinen Kindern vor – und so wie ich, waren auch sie durch die packenden Geschichten von seinem standhaften Glauben und seinem aufopfernden Mut, als amerikanischer Soldat im Zweiten Weltkrieg, bewegt.

Dies war der Tag an dem ich zum ersten Mal Desmond Doss und seiner Frau begegnete. Ihre Familienangehörigen waren Mitglieder der Gemeinde, die ich in Nordkalifornien betreute, und so besuchten sie unsere Gemeinde von Zeit zu Zeit. Als wir an diesem Tag miteinander sprachen, waren die Zeichen seiner Zeit im Kampf unübersehbar. Zum Beispiel hatten der ohrenbetäubende Lärm des Krieges und die Einnahme von experimentellen Antibiotika sein Gehör stark geschädigt, sodass er ein Cochlea-Implantat trug. Dieses Gerät wurde von einem kleinen Batterie-Empfänger betrieben, der um seinen

Hals hing, ganz wie ein Ehrenabzeichen aus einer Schlacht.

Natürlich erhielt Desmond die höchste militärische Auszeichnung des ganzen Landes, die ihm von dem US-amerikanischen Präsidenten Harry Truman um den Hals gehängt wurde. In der Tat war er der erste Kriegsdienstverweigerer, der die angesehene Ehrenmedaille erhielt, die ihn für seine persönlichen Taten der Tapferkeit weit über und jenseits dessen, was seine Pflicht gewesen wäre, auszeichnete. Aber was mich am meisten bei Desmond beeindruckte, war seine ruhige und demütige Art trotz dieser Auszeichnungen – immer, wenn ihn jemand nach seinen unglaublichen Erfahrungen während des Zweiten Weltkrieges fragte, lächelte er und gab Gott die Ehre.

Später, im Verlauf der Jahre, trafen wir uns oft und sprachen miteinander, und es ist nicht überraschend für mich oder für sonst jemanden, der Desmond kannte, dass er das Thema mehrerer Bücher und Filme werden würde, einschließlich des im Jahre 2004 gedrehten Dokumentarfilms *The Conscientious Objector* (dt. Der Kriegsdienstverweigerer) und des neuesten Hollywoodfilms *Hacksaw Ridge*.

Dennoch, während Doss' Dienst beim Militär und sein heldenhaftes Opfer auf dem Kampffeld inzwischen sehr gut bekannt sind, haben sich nur wenige mit den einzigartigen Überzeugungen eingehend befasst, die dabei geholfen haben, diesen christlichen Helden zu formen. Desmond war ein Siebenten-Tags-Adventist, eine Konfession, die eine zunehmende Aufmerksamkeit erhalten hat, teils aufgrund der Veröffentlichung von Mel Gibsons Film über ihn und teils wegen bekannter Adventisten, wie Dr. Ben Carson, der für das Amt des Präsidenten der USA kandidierte.

Aber wer sind die Siebenten-Tags-Adventisten? Was glauben sie über die Bibel – und warum? Sie sind heute eine der am schnellsten wachsenden Denominationen weltweit. Deswegen sind sie es wert, dass wir die Wahrheit über diese Gruppe religiöser Menschen und über das, was sie bewegt, erforschen.

Doug Batchelor
Vorsitzender von Amazing Facts

DIE BIBEL ZUERST

Ob im Krieg oder nicht, Desmond Doss las immer und überall, seine Bibel.

Die Taschenbuchausgabe, die ihm seine Frau schenkte, bevor er nach Guam reiste, war ihm so wertvoll, dass er sie überallhin mitnahm. Als er schließlich verwundet und von den Sanitätern zu einem Militärschiff gebracht wurde, welches als Krankenhaus diente, bemerkte er, dass er seine wertvollste Habe verloren hatte. Die Nachricht wurde an seine Kameraden weitergeleitet, die zurück zum Schlachtfeld gingen und schließlich seine Bibel fanden und ihm zuschickten.

Wenn Sie niemals etwas über die Siebenten-Tags-Adventisten gehört haben oder nicht wissen, was sie glauben, dann wäre die einfachste Beschreibung ihres Glaubens, dass sie ein starkes Vertrauen in die Bibel haben. Genau wie Desmond, verkündigen die Adventisten die Liebe zur Heiligen Schrift und sind davon überzeugt, dass ihre besonderen Lehren fest auf dem Wort Gottes gegründet sind. Während Sie diese unglaubliche Geschichte von Desmond Doss gelesen haben, bin ich davon überzeugt, dass viele von Ihnen Fragen über Desmonds Religion hatten, an die er so stark glaubte. Doch was und wer sind die Siebenten-Tags-Adventisten, und woran glauben sie? Auf den nächsten Seiten werden wir sowohl die grundlegenden Glaubenspunkte ergründen, welche die Adventisten mit allen Christen gemeinsam haben, als auch die Glaubenspunkte, durch welche sie sich von den anderen Denominationen unterscheiden.

Bibeltreue Christen

Nicht jeder, der sich Baptist, Methodist, Katholik oder Glied irgend einer anderen Kirche nennt, ist ein würdiger Vertreter der jeweiligen Denomination oder weiß überhaupt, was die jeweilige Kirche lehrt. Über alle Kirchen können in der Öffentlichkeit, im Internet oder auch von einzelnen Personen Wahrheiten oder Irrtümer verbreitet werden, welche die jeweiligen Lehren der Kirche falsch darstellen.

Wenn Sie also wissen wollen, was eine Kirche wirklich glaubt, müssen Sie sich die grundlegenden Lehren dieser Kirche anschauen. Der allererste Glaubenspunkt der Siebenten-Tags-Adventisten lautet:

„Die Heilige Schrift – Altes und Neues Testament – ist das geschriebene Wort Gottes, durch göttliche Inspiration heiligen Menschen anvertraut, die geredet und geschrieben haben, getrieben vom Heiligen Geist.

In diesem Wort hat Gott dem Menschen alles mitgeteilt, was zu dessen Errettung nötig ist. Die Heilige Schrift ist die unfehlbare Offenbarung seines Willens. Sie ist der Maßstab für den Charakter und der Prüfstein aller Erfahrungen. Sie ist die maßgebende Offenbarungsquelle aller Lehre und der zuverlässige Bericht von Gottes Handeln in der Geschichte."[7]

Adventisten glauben, wie auch der Rest des traditionellen Christentums, dass Jesus die Wichtigkeit des Wortes Gottes persönlich hochgehalten hat. Er sagte: „Himmel und Erde werden vergehen, aber meine Worte werden nicht vergehen." (Mt 24,35)

Er sagte auch: „Der Mensch lebt nicht vom Brot allein, sondern von einem jeden Wort, das aus dem Mund Gottes hervorgeht!" (Mt 4,4)

Dieser grundlegende Glaube setzt den Rahmen für all ihre weiteren Lehren. Siebenten-Tags-Adventisten glauben, dass alles, was eine Kirche, ein Pastor, ein Lehrer oder gar ein Prophet sagt, anhand von Gottes Wort, also der Bibel, geprüft werden muss. Deshalb brauchte Desmond lediglich ein Buch, die Bibel, welches ihn durch seine fürchterlichen Erfahrungen während des Zweiten Weltkriegs hindurch trug.

Gott entdecken

Manchmal nimmt sich Hollywood die Freiheit, wahre Lebensgeschichten zu dramatisieren, damit die Massen angezogen werden. Aber durch solches Handeln geht die wahre Person in schwärmerischem Filmmaterial verloren. Dasselbe ist mit Gott passiert. Es wurden so viele falsche Vorstellungen über Gottes Charakter verbreitet, dass Menschen es heutzutage schwierig finden zu ergründen, wie der Schöpfer in Wahrheit ist.

Siebenten-Tags-Adventisten glauben, dass die maßgebende Offenbarungsquelle der göttlichen Wahrheit die Bibel ist. Auf ihren Seiten wird man feststellen, dass der Himmel ein Geschenk an unsere Welt geschickt hat, um alle Zweifel über die Natur Gottes zu beseitigen - das Geschenk Jesu Christi. Der zentrale Fokus der Schrift ist die Offenbarung eines liebenden Gottes, der sich durch Jesus Christus, den Sohn Gottes, der Welt bekannt macht. Adventisten glauben:

„Gott, der ewige Sohn, wurde Mensch in Jesus Christus. Durch ihn ist alles geschaffen, der Charakter Gottes offenbart, die Erlösung der Menschheit bewirkt und die Welt gerichtet. Ewig wahrer Gott, wurde er auch wahrer Mensch: Jesus Christus."[8]

---

7   http://www.adventisten.de/ueber-uns/unser-glaube/unsere-glaubenspunkte/1-die-heilige-schrift/
8   http://www.adventisten.de/ueber-uns/unser-glaube/unsere-glaubenspunkte/4-der-sohn/

Siebenten-Tags-Adventisten glauben auch an die Dreieinigkeit. Obwohl dieses Wort in der Bibel nicht vorkommt, glauben Adventisten, dass Gott Vater, Gott Sohn und Gott Heiliger Geist die Gesamtheit der unendlichen Gottheit darstellen. Deswegen vertreten Adventisten nicht die Lehre, dass Jesus ein geschaffenes Wesen ist. Sie sind von der biblischen Lehre überzeugt, dass Jesus schon immer existiert hat (Joh 1,1-3) und dass durch Christus alle Dinge geschaffen wurden (siehe Hebr 1,1-2).

Auch glauben sie nicht daran, dass der Heilige Geist lediglich eine dynamische, unpersönliche Kraft ist, die umherschwebt und von Gott benutzt wird. Die Bibel lehrt uns, dass der Heilige Geist eine Person ist. Jesus sagte: „Wenn aber jener kommt, der Geist der Wahrheit, so wird er euch in die ganze Wahrheit leiten" (Joh 16,13). Der Heilige Geist ist dem Vater und dem Sohn gleichwertig, da Jesus den Geist in seinen Taufauftrag miteinschloss: „und tauft sie auf den Namen des Vaters und des Sohnes und des Heiligen Geistes." (Mt 28,19)

Die Schöpfung

Eng verbunden mit dem adventistischen Gottesverständnis ist die Geschichte über den Ursprung der Menschheit. Siebenten-Tags-Adventisten glauben, dass Gott der Schöpfer aller Dinge ist und er in seinem Wort einen akkuraten Bericht über die Entstehung unserer Welt hinterlassen hat. Dazu sagt uns die Schrift: „Denn in sechs Tagen hat der Herr Himmel und Erde gemacht und das Meer und alles, was darin ist" (2.Mose 20,11).

Die Erde wurde durch Jesus, den Sohn Gottes, geformt. „Nachdem Gott in vergangenen Zeiten vielfältig und auf vielerlei Weise zu den Vätern geredet hat durch die Propheten, hat er in diesen letzten Tagen zu uns geredet durch den Sohn. Ihn hat er eingesetzt zum Erben von allem, durch ihn hat er auch die Welten geschaffen" (Hebr 1,1.2).

Befunde in der Wissenschaft bestätigen weiterhin die Hand eines göttlichen Designers. Eine wachsende Anzahl von Wissenschaftlern glaubt, dass unsere Erde kein kosmischer Unfall war, der sich über Milliarden von Jahren durch Evolution entwickelt hat. Sondern, „durch Glauben verstehen wir, daß die Welten durch Gottes Wort bereitet worden sind, so dass die Dinge, die man sieht, nicht aus Sichtbarem entstanden sind." (Hebr 11,3) Demnach sind Adventisten zu der Schlussfolgerung gekommen, dass Gott der Sohn nicht von präexistenter Materie abhängig war, um das Universum zu bilden.

Einige meinen, die Schöpfungsgeschichte sei unwichtig, und weisen sie deswegen zurück. Adventisten glauben jedoch, dass ein tieferer Blick in die ersten zwei Kapitel der Genesis (1. Mose) uns viele der grundlegenden Lehren und Werte offenbart, welche sich durch den Rest der Bibel hindurchziehen. Die Schöpfung erinnert uns beispielsweise daran, dass Gott der Erschaffer aller Dinge ist und wir seine Kinder sind. Weil der Herr der Schöpfer ist, ist auch nur er allein anbetungswürdig.

Die Schöpfungsgeschichte zeigt uns auch, dass Gott am siebten Tag sein Werk vollendete und er diesen Tag als heilig segnete. Der Sabbat ist eine Erinnerung an die Schöpfung, und während die Menschen wöchentlich den Gottesdienst besuchen, werden sie daran erinnert, dass unsere Welt von einem liebenden Gott geschaffen wurde und nicht durch einen theoretischen Urknall entstand, der vor Jahrmilliarden stattgefunden haben soll.

Eine kurze Geschichte der Adventbewegung

Im frühen 19. Jahrhundert ergriff eine große Erweckungsbewegung den Großteil der Vereinigten Staaten und einige Teile Europas. Sie wurde die Zweite Große Erweckungsbewegung (engl. Second Great Awakening) genannt. Sie begann schon etwa 1790, wuchs jedoch erst nach 1820 rasant an, besonders in baptistischen und methodistischen Kirchengemeinden. Innerhalb dieser Erweckung gab es eine Bewegung in den 1830ern und 40ern, die hauptsächlich auf die baldige Wiederkunft Jesu fokussiert war. Es war eine Bewegung, die durch die Predigten eines aufrichtigen baptistischen Evangelisten namens William Miller entfacht wurde.

Miller schloss, nach einem jahrelangen, intensiven Studium des Buches Daniel, darauf, dass Jesus im Oktober 1844 kommen würde. Als das Datum vorüberging und Christus nicht wiederkam, verloren viele Menschen das Interesse an den Prophezeiungen von Daniel und der Offenbarung. Diese „Große Enttäuschung", wie sie genannt wurde, war ein Wendepunkt. Einige Glieder aus unterschiedlichen Glaubensgemeinschaften erkannten, dass sie die Prophezeiungen falsch verstanden hatten. Also versammelten sie sich mit dem Ziel, sie tiefer zu studieren. Sie ließen ihre Lehrunterschiede beiseite, öffneten unter Gebet das Wort Gottes und durchforschten die Schriften.

Während sie mit offenen Herzen studierten, fand diese kleine Gruppe von Gläubigen überrascht heraus, dass manche Lehren der Kirche sich auf menschliche Traditionen und nicht auf das Wort Gottes stützten. Sie trafen sich in einer Reihe von Bibelkonferenzen im Lauf der nächsten 15 Jahre und erkannten viele biblische Wahrheiten, die seit der Zeit der frühen christlichen Kirche in Vergessenheit geraten waren. Aus ihrem ernsthaften Studium entsprang die Kirche der Siebenten-Tags-Adventisten, eine Bewegung, die derzeit mehr als 19 Millionen Mitglieder zählt.[9]

Heute besuchen Siebenten-Tags-Adventisten in über 80.000 Kirchengemeinden weltweit wöchentlich den Gottesdienst. Ihr Wirken erstreckt sich auf 215 der 237 Länder, die von den Vereinten Nationen anerkannt sind. Die Adventisten verbreiten ihre Botschaft in Wort und Schrift in 974 Sprachen und bieten 1,8 Millionen Kindern und Jugendlichen in über 7.700 Schulen und Bildungswerken eine Ausbildung. 15 Medienzentren und 62 Verlagshäuser helfen dabei, ihre Botschaft überall zu verbreiten.

Der Name Siebenten-Tags-Adventisten

Bei derzeit mehr als 40.000[10] christlichen Glaubensgemeinschaften, von denen viele ähnliche Namen tragen, kann es verwirrend sein herauszufinden, was die einzelnen Kirchen glauben. Warum sollte also eine Kirchengemeinde den Namen Siebenten-Tags-Adventisten wählen?

Der Begriff „Siebenten-Tags" spricht von dem adventistischen Verständnis, dass Gott sich von uns wünscht, alle zehn Gebote, einschließlich des vierten Gebotes, welches sagt, „Gedenke an den Sabbattag und heilige ihn"(2. Mose 20,8), zu halten. Aus diesem Grunde feiern Siebenten-Tags-Adventisten den Gottesdienst am Samstag, dem siebten Tag der Woche. Sie sehen weder in der Bibel noch in der Geschichte einen Beweis dafür, dass Gott diesen Tag auf den Sonntag oder irgendeinen anderen Tag verlegt hätte.

Der Sabbat ist eine besondere Zeit in jeder Woche, zu welcher sich Adventisten treffen, um Gott anzubeten, Gemeinschaft mit anderen zu haben und Gottes Schöpfungswerk zu genießen. Er ist sowohl ein Tag der Ruhe als auch eine Erinnerung daran, dass Gott die Menschen erlöst und heiligt (Hes 20,12). Siebenten-Tags-Adventisten halten den Sabbat nicht darum, um sich die Erlösung zu verdienen, sondern als eine Antwort der Liebe zum Schöpfer, der es sich wünscht, an diesem Tag seinem Volk zu begegnen.

Das Wort „Adventist" beschreibt jemanden, der an die baldige Wiederkunft Jesu glaubt. Die meisten Christen könnten sich wahrscheinlich in diesem Sinne als Adventisten bezeichnen, denn fast alle Glaubensgemeinschaften lehren, dass Jesus buchstäblich wiederkommen wird. Mehrere Male sagte Christus in der Offenbarung: „Ich komme bald" (Offb 3,11; siehe auch

---

9   Stand 31. Dezember 2015; Quelle: https://www.adventist.org/en/information/statistics/
       article/go/-/seventh-day-adventist-world-church-statistics-2015/

10   http://www.gordonconwell.edu/resources/documents/StatusOfGlobalMission.pdf

Offb 22,7.12.20). Er sagte auch seinen Jüngern: „Ich gehe hin, um euch eine Stätte zu bereiten. Und wenn ich hingehe und euch eine Stätte bereite, so komme ich wieder"(Joh 14,2.3).

Die Jünger und die Apostel sprachen oft über die baldige Wiederkunft Christi und über die Kürze des menschlichen Lebens. Sie ermutigten die Menschen, sich auf die baldige Ankunft Jesu vorzubereiten. Während niemand die genaue Zeit der Wiederkunft kennt, geben uns biblische Prophezeiungen Zeichen, an denen wir sehen und wissen können, dass sein Kommen nahe ist. Adventisten sind davon überzeugt, dass Gott ein Volk auf dieses wichtige Ereignis vorbereitet und dass der Herr in dieser letzten Generation - welche auch als das Zeitalter von Laodizea in Offenbarung 3,14-22 bezeichnet wird - eine Bewegung ins Leben gerufen hat, um dieser Welt zu helfen, sich auf die Wiederkunft Jesu vorzubereiten. Siebenten-Tags-Adventisten sehen Jesu Versprechen seiner Wiederkunft freudig entgegen, genauso wie eine Braut das Kommen ihres Bräutigams erwartet.

DAS GRÖßTE OPFER

Desmond Doss hat sein Leben auf Guam, Leyte, den Philippinen und auf Okinawa riskiert, nur um das Leben anderer zu retten. Seine selbstaufopfernden Heldentaten waren nicht dazu gedacht, sich selbst hervorzuheben, er tat es, weil er Mitgefühl mit seinen Kameraden hatte. Er versuchte sogar feindliche Soldaten zu behandeln, um allen Heilung und Trost zu bringen. Obwohl auch er ein unvollkommener Mensch war, spiegelte sein Leben Jesus wider, der einen unendlichen Preis bezahlte, um die Menschheit vom ewigen Tod zu erlösen.

Siebenten-Tags-Adventisten glauben, dass Jesus Christus ein vollkommenes, sündloses Leben, im Gehorsam Gottes Willen gegenüber, führte. Durch sein Leben, seinen Tod und seine Auferstehung sorgte er für die Mittel zur Errettung der Menschheit. Durch seinen Opfertod bezahlte er die Strafe für unsere Übertretung, und jeder, der im Glauben sein ultimatives Opfer annimmt, kann ewiges Leben haben. Das Geschenk der Erlösung kann nicht durch gute Werke verdient werden. Es wird allen Menschen frei angeboten, unabhängig von Rasse, Geschlecht oder sozialer Abstammung.

Adventisten glauben, die Bibel erzählt die Geschichte darüber, wie sehr sich der Himmel um die Erlösung der Menschheit bemüht. Der Vater, der Sohn und der Heilige Geist wirken zusammen, um verlorene Menschen zurück in

Harmonie mit dem Schöpfer zu bringen. Die Liebe Gottes für unsere Welt wird am deutlichsten in dem berühmten Bibelvers widergespiegelt: „Denn so [sehr] hat Gott die Welt geliebt, dass er seinen eingeborenen Sohn gab, damit jeder, der an ihn glaubt, nicht verloren geht, sondern ewiges Leben hat." (Joh 3,16)

Gott wird vom Teufel so dargestellt, als wäre er ständig böse auf die Menschen und als könnte er es kaum abwarten, sie für ihre Sünden zu bestrafen. Aber die Bibel offenbart einen Gott, der die verlorene Menschheit so sehr liebte, dass er bereitwillig seinen Sohn aufgab, um sie zu erretten. Solch ein Opfer kann kaum verstanden werden und doch ist es diese Liebe, die unsere Herzen dazu bewegt, uns demütig und bereitwillig dem Herrn zu übergeben. Wenn wir Jesus am Kreuz für unsere Sünden leiden sehen, führt es uns dahin, unsere eigenen Schwächen und unsere Selbstsucht zu sehen und weckt in uns den Wunsch, ihm ähnlich zu werden.

Adventisten glauben daran, dass wir von Gott als Söhne und Töchter adoptiert werden, sobald wir uns dem Herrn im Glauben hingeben. Wenn wir demütig unsere Sünden bekennen und unseren Wunsch ausdrücken, von unserer ich-zentrierten Lebensweise umzukehren, dann kommt der Heilige Geist in unser Herz und beginnt damit, Gottes Gesetz der Liebe in unseren Sinn zu schreiben. Wir werden verändert und erhalten die Kraft, ein reines Leben zu führen. Solange wir täglich in Christus bleiben, dauert diese Lebensveränderung an und gibt uns eine Heilsgewissheit sowohl für jetzt als auch für das letzte Gericht.

Eines der vielen Mythen über Siebenten-Tags-Adventisten besteht darin, dass sie angeblich glauben, als Einzige erlöst zu werden. Dies entspricht nicht der Wahrheit. Ganz im Gegenteil glauben die Adventisten sogar, dass sich die Mehrheit von Gottes Nachfolgern in anderen Denominationen und Glaubensgemeinschaften wiederfindet. Es gibt viele wahrhaft gläubige Christen in anderen Kirchen, die vielleicht nicht alles völlig verstehen, was die Bibel lehrt, aber ihre Herzen sind mit Gott im Reinen (siehe Joh 10,16). Gottesfürchtige Menschen, die den Herrn lieben, können in vielen Kirchen gefunden werden. Es gibt auch Menschen mit sehr geringen Kenntnissen über Gott, die nach bestem Wissen und Gewissen dem nachfolgen, was sie als richtig erkannt haben. Vielleicht haben sie noch nie von dem Namen Jesu gehört und werden doch im Himmelreich sein (siehe Römer 1,18-20).

Während sich die letzten Ereignisse der Weltgeschichte vor uns entfalten und der Kampf Satans gegen Gottes Volk sich zuspitzt, wird gleichzeitig eine klare Erkenntnis der Wahrheit vor der Welt ausgebreitet werden. Diejenigen, die dem Herrn ernsthaft nachfolgen wollen, werden jede Kirchengemeinde, Organisation oder jedes Glaubenssystem verlassen, welche der Bibel entgegen steht (Offb 18,4), und sie werden sich treulich denen anschließen, welche „die Gebote Gottes und den Glauben an Jesus bewahren" (Offb 14,12).

Die Taufe

Siebenten-Tags-Adventisten folgen Jesu Beispiel der Taufe durch Untertauchen. Die Bedeutung des Wortes „taufen" im Neuen Testament ist eintauchen oder untertauchen, nicht besprengen, wie es in vielen christlichen Gemeinden weltweit gehandhabt wird.

Diese heilige Handlung, welche unsere Liebesbeziehung mit Christus besiegelt, symbolisiert drei signifikante Ereignisse im Leben eines wahrhaft Gläubigen: 1. das Sterben gegenüber der Sünde, 2. die Wiedergeburt zu einem neuen Leben in Christus und 3. die Vermählung mit Christus für die Ewigkeit. Solange die Liebe weiterhin wächst, wird diese geistliche Verbindung mit der Zeit immer stärker und inniger werden.

Als Christus ein junger Mann war, wurde er von Johannes dem Täufer getauft (siehe Mt 3,13-15), und als er seinen Dienst auf der Erde beendet hatte, sagte er seinen Jüngern: „Darum gehet hin und lehret alle Völker: Taufet sie auf den Namen des Vaters und des Sohnes und des Heiligen Geistes" (Mt 28,19). Er lehrte sie auch: „Wer da glaubt und getauft wird, der wird selig werden; wer aber nicht glaubt, der wird verdammt werden." (Mk 16,16)

Die Siebenten-Tags-Adventisten sind nicht die einzige Gemeinde, die an die Taufe durch Untertauchen glaubt. Die Baptisten, die Vereinigte Pfingstgemeinde, die Täufer und die Disciples of Christ halten beispielsweise ebenfalls an dieser Lehre fest. In der biblischen Archäologie wurden sogar künstlerische Darstellungen der frühen Gemeinde vom Taufen durch Untertauchen entdeckt.

Das Abendmahl

Wie auch viele andere christliche Kirchen feiern die Siebenten-Tags-Adventisten das Abendmahl mit ungesäuertem Brot und unvergorenem Traubensaft. Als Christus das Passah mit seinen Jüngern feierte, gab er uns das Abendmahl, um das Passafest zu ersetzen. Da der Sauerteig die Sünde symbolisierte, deuteten das ungesäuerte Brot und der unvergorene Traubensaft auf das reine, unbefleckte Leben Jesu.

Die Feier findet normalerweise vier Mal im Jahr in den Adventgemeinden statt und beginnt einheitlich mit der Fußwaschung nach der Art und Weise Jesu, der die Füße seiner Jünger wusch. Die Bibel sagt über Jesus: „Da stand er vom Mahl auf, legte seine Kleider ab, nahm einen Schurz und umgürtete sich. Danach goss er Wasser in ein Becken, fing an, den Jüngern die Füße zu waschen und zu trocknen mit dem Schurz, mit dem er umgürtet war." (Joh 13,4.5)

Die Fußwaschung dient als Hilfe dafür, sein Herz auf das Abendmahl vorzubereiten. Christus sagte, nachdem er die Füße seiner Jünger gewaschen hatte: „Wenn nun ich, euer Herr und Meister, euch die Füße gewaschen habe, so sollt auch ihr euch untereinander die Füße waschen. Denn ein Beispiel habe ich euch gegeben, damit ihr tut, wie ich euch getan habe." (Joh 13,14.15)

Durch die Teilnahme am Abendmahl, durch das Essen von ungesäuertem Brot und das Trinken von unvergorenem Traubensaft wird symbolisiert, dass man den für die Menschheit zerbrochenen Leib Jesu und sein vergossenes Blut akzeptiert. Diese Sinnbilder stellen unseren Glauben in das, was Christus für uns getan hat, dar. Der Gottesdienst dient dazu, das Vertrauen in Jesus zu stärken und unsere Herzen mit denen der anderen Gläubigen zu vereinen. Dieser besondere Gottesdienst in der Adventgemeinde ist nicht auf Adventisten beschränkt, sondern offen für alle gläubigen Christen.

Das Abendmahl dient als Erinnerung an das ultimative Opfer Christi, welches er für jeden Einzelnen gebracht hat. Es ist ein Gottesdienst geprägt von gründlicher Selbstprüfung. Gleichzeitig jedoch ist es ein freudiges Ereignis, währenddessen die Teilnehmer über den Tod Jesu nachsinnen, der zur Befreiung unserer Welt von den tödlichen Angriffen Satans diente. Jesus brachte sein Leben nicht einfach nur auf dem Schlachtfeld der Erde in Gefahr, sondern gab sein Leben freiwillig hin, damit wir gerettet werden könnten.

HOFFNUNG IN SCHWEREN ZEITEN

Der Zweite Weltkrieg muss sich für die daran beteiligten Soldaten, die in Europa und im Pazifik in blutige Kämpfe involviert waren, wie das Ende der Welt angefühlt haben. Umgeben von schrecklichen Bombenangriffen, ratterndem Maschinengewehr-Feuer und dem Geschrei von Kameraden, die im Sterben lagen, müssen diese traumatischen Erfahrungen, Bilder des Grauens in ihr Gedächtnis eingraviert haben. Für die etwa 60 Millionen Menschen, die während des Zweiten Weltkrieges umkamen, war es ihr „letzter Tag".

Siebenten-Tags-Adventisten glauben, dass sogar noch schlimmere Zeiten vor uns liegen. Sie sind davon überzeugt, dass wir in den letzten Tagen der Weltgeschichte leben. Die Bibel spricht von vielen Zeichen, die uns zeigen sollen, dass wir uns der baldigen Wiederkunft Jesu nähern. Eines der Zeichen, die uns Christus mitgeteilt hat, ist folgendes: „Ein Volk wird sich erheben gegen das andere und ein Reich gegen das andere" (Lk 21,10). Obwohl bereits viele Kriege den Verlauf der Geschichte getrübt haben, waren sie doch noch nie so global und zerstörerisch. Der Erste und der Zweite Weltkrieg haben mehr Tod und Leid hervorgebracht als alle vorherigen Kriege zusammen. Papst Franziskus brachte zum Ausdruck, dass er die sich zuspitzende, weltweite Terrorwelle als den stückweisen Beginn des Dritten Weltkrieges ansieht.[11]

Trotz des Übels und der Schmerzen, die wir in diesen schweren Zeiten erleben, freuen sich Adventisten auf die baldige Wiederkunft Jesu. Sie glauben, Gott werde sie durch eine Zeit der Trübsal hindurchtragen und sie dann in den Himmel aufnehmen, wenn Christus auf diese Erde zurückkehrt. Es wird ein schrecklicher Tag sein für diejenigen, die ihn ablehnen, jedoch ein glorreicher Tag für diejenigen, die ihr Vertrauen auf ihn gesetzt haben. Genau wie Desmond glauben Adventisten an Gottes Verheißung: „Ruft er mich an, so will ich ihn erhören; ich bin bei ihm in der Not, ich will ihn befreien und zu Ehren bringen" (Ps 91,15).

Das Ende der Welt

Siebenten-Tags-Adventisten verstehen Jesu Vorhersagen über das Ende der Welt wörtlich. In Matthäus 24 (auch in Markus 13 und Lukas 21), fragten Christi Jünger ihn: „Was wird das Zeichen deiner Wiederkunft und des Endes der Weltzeit sein?" (Mt 24,3) Jesus nannte ihnen eine Vielzahl von Vorhersagen, um seine Nachfolger wissen zu lassen, wenn sein Kommen nahe ist. Aber er gab niemals ein exaktes Datum. „Um jenen Tag aber und die Stunde weiß niemand, auch die Engel im Himmel nicht, sondern allein mein Vater." (Mt 24,36)

Ein weiterer Mythos über die Siebenten-Tags-Adventisten ist, dass sie den Tag der Wiederkunft Christi vorausgesagt hätten. Dies ist einfach nicht wahr. Die Kirche hat niemals eine solche Vorhersage getroffen. William Miller, der ein Baptist war, sagte voraus, dass Jesus 1844 wiederkommen würde. Aber die adventistische Kirchengemeinde gab es damals noch nicht. Sie wurde erst 1863 offiziell gegründet, also fast 20 Jahre später.

Die Bibel offenbart uns viele unterschiedliche Vorzeichen, die uns zeigen sollen, dass das Ende der Welt unmittelbar bevorsteht. Einige Indikatoren dafür sehen wir in der Natur, mit einer Zunahme an Erdbeben und anderen Naturkatastrophen. Andere Anzeichen finden wir in der religiösen Welt wieder. Darunter fallen eine große religiöse Erweckung bei einer gleichzeitigen

---

11   http://blog.radiovatikan.de/dritter-weltkrieg/

Abnahme des religiösen Interesses. Das spektakuläre Wachstum in der weltweiten Mission, die Übersetzung der Bibel in so viele Sprachen und die weltweite Verkündigung von Christi baldigem Kommen, das alles sind Zeichen dafür, dass Jesus bald wiederkommt. Leider gibt es auch negative Zeichen wie der Anstieg von Mord, Kriminalität, Unmoral, Kriegen, Hungersnöten und religiöser Verfolgung, die ebenfalls von dem baldigen Kommen Jesu zeugen.

Das Kommen Christi

Siebenten-Tags-Adventisten glauben, dass die Wiederkunft Christi buchstäblich, persönlich, sichtbar und weltweit sein wird. Desmond glaubte, dass bei der Wiederkunft Jesu die gläubigen Toten auferweckt und dann gemeinsam mit den lebenden Gläubigen, verwandelt, in einem neuen Körper, in den Himmel entrückt werden. Die Ungerechten jedoch werden sterben.

Adventisten haben die Gewissheit, dass Jesus wiederkommt. Christus sagte „Ich komme wieder" (Joh 14,3). Während die Bibel das Auftreten falscher Christusse und falscher Propheten vorhersagt, kommt Jesus auf dieselbe Art und Weise, wie er gegangen ist (siehe Apg 1,11). Derselbe persönliche Erlöser wird als ein reales, greifbares Lebewesen zurückkommen; nicht als irgendein Geist.

Die Bibel spricht auch davon, dass seine Wiederkunft sichtbar und hörbar sein wird: „Siehe, er kommt mit den Wolken, und jedes Auge wird ihn sehen, auch die, welche ihn durchstochen haben" (Offb 1,7). Er kommt „mit starkem Posaunenschall" (Mt 24,31). Das Ereignis wird von Naturkatastrophen begleitet sein. Nach der Wiederkunft Jesu wird auf der Erde kein menschliches Reich existieren. Christen werden sich der baldigen Ankunft Jesu bewusst sein, während der Großteil der Welt darauf unvorbereitet sein wird. Die Bibel sagt: „Denn ihr wisst ja genau, dass der Tag des Herrn so kommen wird wie ein Dieb in der Nacht." (1. Thess 5,2) Auch Jesus sagte: „Darum seid auch ihr bereit! Denn der Sohn des Menschen kommt zu einer Stunde, da ihr es nicht meint." (Mt 24,44)

Einige deuten diesen Vergleich mit einem Dieb darauf, dass Christi Wiederkunft im Geheimen stattfinden wird. Paulus wollte jedoch damit zum Ausdruck bringen, dass für die weltlich Gesinnten sein Kommen genauso unerwartet sein wird, wie das Kommen eines Diebes. Siebenten-Tags-Adventisten glauben nicht an die Lehre der „geheimen Entrückung", wie es durch manche Filme und Bücher in den Medien populär gemacht wurde (z.B. *Left Behind*). Während sie daran glauben, dass Gott sein Volk entrücken wird, glauben sie ebenfalls, basierend auf der Bibel, daran, dass das Kommen Jesu alles andere als im Geheimen stattfinden wird.

Das Millennium

Das Buch der Offenbarung gibt uns einen Einblick in die Geschehnisse vor der Wiederkunft Jesu sowie in das, was nach seinem Kommen passiert. Siebenten-Tags-Adventisten glauben, dass es, nachdem Christus wiedergekommen ist, eine Zeitspanne von 1000 Jahren geben wird, in der Gottes Volk mit Jesus im Himmel regieren wird. Zur Zeit dieses Millenniums wird es ein Gericht über die nicht erlösten Toten geben, während die Erde verwüstet sein wird. Übereinstimmend mit der Bibel sind Adventisten Prämillenialisten, das bedeutet, sie glauben daran, dass Jesus wiederkommt, bevor das Millennium beginnt.

Nach den 1000 Jahren werden die Ungerechten ebenfalls vom Tod auferweckt werden. Dann wird das letzte Gericht stattfinden, bei dem all die Ungläubigen, zusammen mit Satan und seinen bösen Engeln, im Feuersee vernichtet werden. Dieses Strafgericht wird sie vollkommen verzehren. Nichts außer Asche wird, so sagt die Bibel, von ihnen übrig bleiben. (siehe Mal 3,19-21) Das Universum wird für immer frei vom Bösen und der Sünde sein.

Die Neue Erde

Nachdem die Erde von all der Sünde durch Feuer gereinigt wurde, wird sie von neuem geschaffen und in ihren ursprünglichen Zustand, bevor Sünde den Eingang in unsere Welt fand, wiederhergestellt werden (Desmond freute sich definitiv auf dieses Ereignis!). Die Neue Erde wird ein wirklicher Ort sein, an dem die Gerechten gemeinsam mit Gott wohnen werden. Sie wird die ewige Heimat der Erlösten sein und eine vollkommene Welt ohne Krankheiten, Hass oder Naturkatastrophen. Alles Leid und der Tod werden ein Ende haben, und der Herr selbst wird mit seinem Volk zusammenleben. Der Schmerz und die Verluste der Vergangenheit werden vergessen sein, denn Gott wird jede Träne abwischen (Offb 21,4).

Die Hauptstadt der Neuen Erde wird „Neues Jerusalem" heißen. Es ist eine wunderschöne Stadt und wird beschrieben als „zubereitet wie eine für ihren Mann geschmückte Braut" (Offb 21,2). Gottes Herrlichkeit wird die Stadt erleuchten. Sie ist gebaut aus den wundervollsten Steinen und aus Gold, welches so klar ist, dass es „wie reines Glas"(Vers 18) aussieht. Vom Thron in der Mitte der Stadt entspringt ein Fluss, gefüllt mit dem Wasser des Lebens. Der Baum des Lebens wird auf beiden Seiten des Flusses wachsen. Die Erlösten werden von der Frucht des Baumes essen und ewig leben.

Das wichtigste an diesem Glaubenspunkt der Adventisten ist, dass der große Kampf zwischen Gut und Böse mit der Neuschaffung der Erde für immer vorbei sein wird. Kein Kämpfen mehr, kein Töten und keine Kriege mehr. Die Sünde und die Sünder sind verschwunden, und es werden nie wieder schwere Zeiten auf unsere Welt zukommen. Das ganze Universum wird rein sein, und die harmonische Macht Gottes wird überall bekannt sein. Vom kleinsten Partikel bis zur größten Galaxie wird die ganze Schöpfung ausrufen, dass Gott die Liebe ist.

BEREITE DICH VOR, DEINEM SCHÖPFER ZU BEGEGNEN

Desmond war sich des Todes äußerst bewusst und auch der Tatsache, wie verwundbar er im Kampf ohne eine Waffe war. Deshalb wollte er jederzeit bereit sein seinem Schöpfer zu begegnen. In der Tat ist niemand von uns vor dem Tod sicher. Früher oder später klopft er an der Tür jedes Menschen.

Aber was geschieht, wenn wir sterben? Gehen wir sofort in den Himmel oder in die Hölle oder in irgendeinen temporären Zwischenraum? Wenn wir unseren letzten Atem ausgehaucht haben, werden wir einfach wieder zu Staub? Gibt es ein Leben nach dem Tod? Schauen wir uns kurz die Glaubensüberzeugungen von Desmond und den Siebenten-Tags-Adventisten über den Zustand der Toten an und darüber, was die Bibel über die Hölle lehrt.

Was passiert, wenn wir sterben

Eine Lehre, welche die Adventisten ganz anders auslegen als andere Christen, ist die, was mit den Menschen passiert, wenn sie sterben. Siebenten-Tags-Adventisten glauben, dass wir beim Tod sozusagen in einen Zustand der Bewusstlosigkeit geraten, bis zur Auferstehung. Jesus verwies wiederholt auf diesen Zustand, indem er das Wort „Schlaf" benutzte (siehe Joh 11,11-14). Die Bibel lehrt, dass der Tod eine traumlose, friedvolle Art der Ruhe ist, bis eine der beiden Auferstehungen eintrifft.

Manche Menschen benutzen die Aussage in 2. Korinther 5,8 um zu lehren, dass wir, wenn wir laut diesem Text den Leib verlassen, bei dem Herrn sind. Sie glauben, dass die Seele eines Christen sofort nach dem Tod in den Himmel aufsteigt und dann werden die Seele und der Körper bei Jesu Wiederkunft wieder vereint. Obwohl viele Menschen diese Ansicht vertreten, glauben die Adventisten nicht, dass sie biblisch ist.

Es ist wahr, wenn man den Leib verlässt, ist man daheim bei dem Herrn. Wenn man als erlöster Mensch stirbt, wird der nächste bewusste Gedanke, den man fasst, bei der Auferstehung stattfinden, und man wird Jesus mit eigenen Augen sehen. Das ist die Erklärung für diesen Text. Die Bibel erklärt: „Die Toten wissen gar nichts" (Pred 9,5). Also hat man kein Bewusstsein, wenn man im Grab ist.

Als Jesus zu Martha sagte, „dein Bruder wird auferstehen" (Joh 11,23), antwortete sie: „Ich weiß, dass er auferstehen wird in der Auferstehung am letzten Tag" (Vers 24). Sie glaubte nicht, dass er bereits auf irgendeine Weise lebendig war, sondern verstand, dass die Auferstehung am „letzten Tag" geschehen würde. Diese Zeit ist jetzt noch nicht gekommen.

Viele der protestantischen Reformatoren glaubten daran, dass wenn Menschen sterben, sie in den Gräbern schlafen bis zum Auferstehungsmorgen, wenn Jesus wiederkommt. Es waren die mythologischen Lehren des dunklen Mittelalters, die viele dazu verleiteten, an eine unsterbliche Seele zu glauben. Beachten wir folgendes Zitat von Martin Luther, welches in *The Christian Hope* (dt. Die christliche Hoffnung) von Dr. T. A. Kantonen auf Seite 35 zu finden ist: „So wie einer, der einschläft und den Morgen ganz unerwartet erreicht, wenn er wieder aufwacht, ohne dass er weiß, was ihm geschah, so werden auch wir plötzlich am letzten Tag auferstehen, ohne zu wissen, wie wir gestorben sind oder wie es während des Todes war."

William Tyndale glaubte auch daran, dass die Seele sterblich ist und dass nach dem Tod der Mensch bewusstlos ist, in seinem Grab schlafend, bis zur Wiederkunft Jesu. Viele der großen Reformatoren vertraten dieselbe Sichtweise über den Zustand der Toten wie die Siebenten-Tags-Adventisten.

Da „der Lohn der Sünde (...) der Tod" (Röm 6,23) ist und „alle (...) gesündigt" (Röm 3,23) haben, darum sind alle Menschen auch dem Tod unterworfen. Der letzte Feind, der vernichtet wird, ist der Tod. Paulus erklärte: „Denn gleichwie in Adam alle sterben, so werden auch in Christus alle lebendig gemacht werden" (1.Kor 15,22). Und wann werden wir wieder lebendig werden? Paulus antwortete: „danach die, welche Christus angehören, *bei seiner Wiederkunft*" (Vers 23, Hervorhebung hinzugefügt).

Die Bibel erzählt etwa zwölf Geschichten über Menschen, die auferweckt wurden. Diese Geschichten demonstrieren Gottes Macht, Menschen bei der Wiederkunft Christi aufzuerwecken. Bei keiner dieser Erzählungen berichtet die auferstandene Person etwas darüber, dass sie während des Todes bei Bewusstsein gewesen wäre. Man würde meinen, dass die erste Frage, die sie gestellt bekommen würden, folgende wäre: „Wie war es tot zu sein? Was hast du erlebt?" Die biblische Aufzeichnung schweigt darüber, weil die Schrift lehrt, dass wenn eine Person stirbt, all ihre Pläne verloren gehen (siehe Ps 146,3.4).

Hölle

Siebenten-Tags-Adventisten wird vorgeworfen, dass sie nicht an die Hölle glauben. In Wahrheit glauben die Adventisten tatsächlich daran, dass die Verlorenen in der Hölle brennen werden. Man könnte es sogar so formulieren, dass ihre Hölle heißer ist als die Hölle, an die die meisten Southern Baptists beispielsweise glauben. Baptisten glauben daran, dass es eine Hölle gibt, in welcher die Sünder für immer köcheln, doch die Adventisten haben die Überzeugung, dass die Feuer der Hölle so heiß sein werden, dass sie die Ungerechten verbrennen. Sie glauben daran, dass es keine biblische Lehre ist, dass die Sünder für immer in der Hölle gequält werden.

Während des Mittelalters war es für die Kirche sehr gewinnbringend, die Menschen mit der Idee, dass die Bösen für immer gequält werden, zu erschrecken. Manche verbreiten immer noch die Auffassung, dass sobald ein böser Mensch stirbt, diese Person sofort zur Hölle fährt, sogar noch bevor es zu einem Gerichtsprozess kommt, um auf ewig für die Sünden zu brennen, die sie in einem Menschenleben getan hat. Auch wenn die Person nur zwanzig Jahre gelebt hätte, würde sie für Milliarden und Trilliarden von Jahren brennen. Jesus lehrte diese Sichtweise nicht. Christus sagte, dass wir zwei Wahlmöglichkeiten haben: glaube und lebe, oder glaube nicht und „gehe verloren" (siehe Joh 3,16). Das griechische Wort für „verloren gehen" ist apollumi und bedeutet hauptsächlich: zerstören, töten, vernichten oder völlig vernichtet werden.[12]

Adventisten, so wie Desmond, weisen auf die erste Lüge des Teufels im Garten Eden hin: „*Keineswegs* werdet ihr sterben," (1.Mose 3,4; Hervorhebung hinzugefügt) und schließen daraus, dass die Lehre des ewigen Brennens in der Hölle ursprünglich von Satan stammt. Gott warnte Adam und Eva: „Aber von dem Baum der Erkenntnis des Guten und des Bösen sollst du nicht essen; denn an dem Tag, da du davon isst, musst du gewisslich sterben!" (1.Mose 2,17). Die unbiblische Sichtweise einer unsterblichen Seele führt zu einer ebenso unbiblischen Sicht einer ewig brennenden Hölle.

Eines Tages, wenn Jesus wiederkommen wird, werden die, die Ihm geglaubt haben, „Unsterblichkeit anziehen" (1.Kor 15,53). Die Gerechten erhalten das Geschenk des ewigen Lebens bei der Auferstehung. Bei dem letzten Gericht werden die Gottlosen mit Satan und seinen bösen Engeln in die Hölle geworfen. Ein anderer Begriff, der für Hölle in der Bibel benutzt wird, ist der „Feuersee" und wird als „zweiter Tod" beschrieben, bei dem auch der Tod

---

12   http://biblehub.com/greek/622.htm

selbst für immer vernichtet wird (Offb 20,14). Die Bibel sagt, dass das Feuer sie „verbrennen" wird (Mal 3,19), dass Feuer „von Gott aus dem Himmel" herabfallen wird und dass die Gottlosen „verzehrt" werden (Offb 20,9).

Siebenten-Tags-Adventisten haben kein Monopol auf die Lehre, dass die Höllenfeuer ihre Aufgabe, die Sünde zu vernichten, erfüllen werden, um danach zu erlöschen. Dies war auch die Ansicht von John Scott, einem der einflussreichsten evangelischen Theologen unserer Zeit. Viele Leiter christlicher Glaubensgemeinschaften teilten inoffiziell mit, dass sie mit den Adventisten über das Thema der Hölle übereinstimmen. Immer mehr der führenden Gelehrten haben anerkannt, dass die Idee eines Gottes, der Sünder für immer und ewig quält, nicht mehr als eine entstellte, mittelalterliche Theologie ist, die sich in vielen Kirchen eingeschlichen hat.[13]

Als Desmond seinem Kameraden erzählte, dass er vorbereitet sein wolle, seinem Schöpfer zu begegnen, meinte er damit nicht, dass er sofort vor dem Richterstuhl Gottes stehen würde oder sofort in den Himmel oder in die Hölle geschickt werden würde. Er meinte, dass wenn er stirbt, er für immer seine Entscheidung für oder gegen Gott besiegelt hätte. Es gibt keine zweite Chance nach dem Tod. Wir betreten das Grab mit einer getroffenen Entscheidung, und diese Entscheidung wird für immer Bestand haben.

Die Lehre von einer ewig brennenden Hölle, die Sünder für immer quält – selbst wenn sie nur eine kurze Lebensdauer hatten – stellt ein sadistisches Bild von Gott dar. Die Offenbarung berichtet uns, dass es nach dem letzten Gericht kein Leid, noch Schmerz oder Tränen mehr geben wird (Offb 21,4). Die Bibel berichtet uns auch darüber, dass Jesus kam, um am Kreuz zu sterben und damit die Strafe für unsere Sünden bezahlte, um uns zu erretten. Gott sucht nicht nach Wegen, um die Menschen aus dem Himmel fernzuhalten oder sie an einen Ort ewiger Qualen zu schicken. Er hat alles, was ihm möglich war, getan, um die Tore des Himmels zu öffnen und uns herein zu bitten.

HANDELN AUF BEFEHL

Als Kind war Desmond von einem kleinen gerahmten Bild von den Zehn Geboten fasziniert, das an der Wand im Wohnzimmer seiner Eltern hing. Wenn sie weg waren, zog er einen Stuhl herbei, um einen besseren Blick darauf zu haben. Er wurde gelehrt, dass diese zehn Regeln des Himmels nicht

---

13   Siehe auch E.W. Fudge, The Fire That Consumes: A Biblical and Historical Study of the Doctrine of Final Punishment, (Eugene, OR) 2011.

ignoriert werden durften. Die Loyalität zu einem dieser Gebote wurde erheblich auf die Probe gestellt, während Doss im Militär diente – „Gedenke an den Sabbattag und heilige ihn!" (2.Mose 20,8). Wenn Gottes Gesetze zu den Anweisungen seiner Offiziere im Gegensatz standen, war es Desmonds Gewohnheit, den Befehlen einer höheren Autorität zu folgen.

Siebenten-Tags-Adventisten werden von einigen als gesetzlich bezeichnet, weil sie an die ewige Gültigkeit von Gottes Gesetz glauben. Aber auf das Fundament der Bibel bauend, glauben sie, dass der Dekalog nicht abgeschafft wurde, sondern Gottes Liebe, seinen Willen und seinen Plan für unser Leben ausdrückt. Im Herzen der Zehn Gebote steht das vierte Gebot, also das Gedenken an den Sabbattag. Es stellt sich die Frage: Wollen Menschen, die danach streben, Gottes Gesetz zu befolgen, sich dadurch ihre Erlösung verdienen?

Gottes Gesetz der Liebe

Ein anderes Märchen über die Siebenten-Tags-Adventisten ist, dass sie daran glauben, dass sie gerettet werden, indem sie sich an das Gesetz halten. Die Bibel sagt deutlich aus: „Denn aus Gnade seid ihr errettet durch den Glauben, und das nicht aus euch — Gottes Gabe ist es; nicht aus Werken, damit niemand sich rühme." (Eph 2,8.9) Adventisten lehren, dass die Erlösung nur durch Gnade geschieht und nicht durch Werke.

Es ist ausgeschlossen, dass wir aufgrund unseres Bemühens, die Zehn Gebote zu halten, erlöst werden. Indem wir nicht lügen, nicht stehlen oder den Sabbat halten, können wir uns niemals den Eingang in das Himmelreich verdienen. Keines unserer Werke kann für unsere Sünden sühnen. Adventisten glauben: „Gott hat in seiner unendlichen Liebe und Barmherzigkeit Christus, ‚der von keiner Sünde wusste, für uns zur Sünde gemacht', damit wir durch ihn vor Gott gerecht werden."[14]

Weil Siebenten-Tags-Adventisten glauben, dass die Zehn Gebote nicht abgeschafft wurden, verstehen manche Menschen ihre Betonung des Gesetzes falsch, als würden sie glauben, dass man durch das Halten des Gesetzes gerettet wird. Die Wahrheit ist, dass die Menschen durch Gnade errettet werden und dass die Frucht eines wahren Glaubens zum Gehorsam durch die Kraft des Heiligen Geistes führt.

Adventisten halten das Gesetz nicht, damit sie erlöst werden, sondern weil sie erlöst sind. Menschen können nur aus Gnade durch den Glauben erlöst

---

14   http://www.adventisten.de/ueber-uns/unser-glaube/unsere-glaubenspunkte/10-die-erfahrung-der-erloesung/

werden, und die Frucht von aufrichtigem Glauben ist der Gehorsam. Jesus sagte einmal: „Liebt ihr mich, so haltet meine Gebote! " (Joh 14,15) Beachte, was im Bibeltext zuerst kommt: „Liebt ihr mich(...)." Liebe ist der motivierende Faktor, um Gottes Gebote zu halten, und nicht der Versuch erlöst zu werden.

Jesus sagte, „so haltet meine Gebote." Er sagte nicht, dass wir 50% oder 80% von ihnen halten sollen, sondern dass wir sie alle halten sollen. Johannes schrieb: „Wer sagt: »Ich habe ihn erkannt«, und hält doch seine Gebote nicht, der ist ein Lügner, und in einem solchen ist die Wahrheit nicht." (1. Joh 2,4)

Während viele eine negative Auffassung von Gottes Gesetz haben, weil es die Sünde in ihrem Leben aufdeckt, sehen Adventisten es so, dass das Gesetz ein Weg ist, um sie zu Christus zu bringen. Paulus sagte: „So ist nun das Gesetz heilig, und das Gebot ist heilig, gerecht und gut." (Röm 7,12) Er fügte hinzu: „Durch das Gesetz kommt Erkenntnis der Sünde." (Röm 3,20) Siebenten-Tags-Adventisten sehen das Gesetz nicht als Verbote an, sondern als etwas, was ihnen Freiheit schenkt. „Wer aber hineinschaut in das vollkommene Gesetz der Freiheit und darin bleibt, dieser [Mensch], der kein vergesslicher Hörer, sondern ein wirklicher Täter ist, er wird glückselig sein in seinem Tun." (Jak 1,25)

Desmond wollte nicht ein „Kriegsdienstverweigerer", sondern eher ein „gewissenhafter Mitarbeiter" genannt werden. Er wollte, dass die Einberufungsbehörde weiß, dass er mehr als bereit dazu war, sein Land zu verteidigen. Als sein Einberufungsbescheid endlich kam, bot sein Arbeitgeber in der Schiffswerft, in der er arbeitete, ihm an, zu versuchen, ihn von seinem Militärdienst freizustellen. Er ging auf diesen Vorschlag jedoch nicht ein.

In ähnlicher Weise suchen Siebenten-Tags-Adventisten nicht nach Wegen, um den Dienst für Gott zu umgehen. Sie empfinden eine Treue zu Gott und streben danach, die Gebote aus einem liebenden Herzen heraus zu halten. Sie verstehen, dass es unmöglich ist, Gott ohne die Kraft des Heiligen Geistes zu gehorchen. Doch wenn Jesus dazu eingeladen wird, in uns zu leben, dann bewirkt das eine Veränderung in der Einstellung zum Gesetz. Sie stimmen König David dabei zu: „Deinen Willen zu tun, mein Gott, begehre ich, und dein Gesetz ist in meinem Herzen." (Ps 40,9)

Ein Zeichen der Treue

Im Zentrum von Gottes Gesetz steht das vierte Gebot, das Folgendes besagt: „Gedenke an den Sabbattag und heilige ihn! Sechs Tage sollst du arbeiten und alle deine Werke tun; aber am siebten Tag ist der Sabbat des Herrn, deines Gottes;" (2.Mose 20,8-10). Ist dies ein Überbleibsel des Alten Bundes, ein

Gebot, dass nur den Juden auferlegt wurde, oder vielleicht ein Gesetz, das während der Zeit Christi verändert wurde?

Nun, Desmond glaubte, dass der Sabbat bei der Schöpfung der Welt eingesetzt wurde, lange bevor es Juden gab, und dass sein Segen für alle Menschen vorgesehen war. Nachdem die sechs Tage der Schöpfung zu Ende waren, sagt die Bibel: „So wurden der Himmel und die Erde vollendet samt ihrem ganzen Heer. Und Gott hatte am siebten Tag sein Werk vollendet, das er gemacht hatte; und er ruhte am siebten Tag von seinem ganzen Werk, das er gemacht hatte. Und Gott segnete den siebten Tag und heiligte ihn, denn an ihm ruhte er von seinem ganzen Werk, das Gott schuf, als er es machte. " (1.Mose 2,1-3)

Einen Tag zu segnen und zu heiligen bedeutet mehr, als nur zu sagen, dass es ein schöner Tag ist. Gott machte den Sabbat heilig. Es ist eine heilige Zeit in jeder Woche, damit wir vor Ihn treten und anerkennen, dass Er unser Schöpfer und Erlöser ist.

Der Sabbat wurde nicht geschaffen, um eine Last für die Menschen zu sein. Er war ein Geschenk Gottes, um uns Zeit für Ruhe und Erholung zu geben, um anzubeten und Gemeinschaft zu haben, um eine Zeit der Erinnerung daran zu haben, dass wir nicht durch unsere Werke gerettet sind, sondern dass wir in Gottes Werken, die er für uns getan hat, ruhen können. Wenn wir den Sabbat halten, demonstrieren wir unsere Treue zu Gott, so wie ein Ehemann seine Treue gegenüber seiner Ehefrau zeigt. Gott sagt: „Ich gab ihnen auch meine Sabbate, die ein Zeichen sein sollten zwischen mir und ihnen, damit sie erkennen sollten, dass ich, der Herr, es bin, der sie heiligt." (Hes 20,12)

Adventisten glauben auch, dass Satan, der Feind der Menschheit, Gottes Namen beschmutzen und die Treue der Menschen zu Gott brechen möchte. Sie verstehen, dass es einen Angriff auf Gottes Gesetz geben würde und dass es Anstrengungen geben würde, den Sabbat zu verändern. Eine Weltmacht würde aufsteigen und „danach trachten, Zeiten und Gesetz zu ändern" (Dan 7,25). Nach der Zeit der frühen Christengemeinde begann die etablierte Kirche Kompromisse zu schließen, und nahm so allmählich die Veränderung des Samstags auf den Sonntag vor.

Und so ist das Gebot, das am meisten in Vergessenheit geraten ist, das vierte Gebot – obwohl es mit den Worten beginnt, *Gedenke* an den Sabbattag und heilige ihn!" (2.Mose 20,8, Hervorhebung hinzugefügt). Viele haben versucht, dieses Gebot aufzuheben. Es erscheint seltsam, dass das Gebot, das die Menschen versuchen zu vergessen, das einzige Gebot ist, von welchem Gott sagt, dass wir uns daran erinnern sollen.

Die Erlösung kommt zu niemandem, indem er die Gebote hält, vielmehr führt uns die Erlösung dazu, dass wir alle Gebote halten. Wir werden durch das Halten des Sabbats nicht mehr erlöst als durch das Nicht-Stehlen, das Nicht-Ehebrechen oder das Halten irgendeines anderen Gebotes. Unsere Motivation, das Gesetz zu halten ist, dass wir Gott lieben und sein Gesetz halten möchten.

Jesaja beschrieb die richtige Motivation, die wir gegenüber dem Sabbat haben sollten, und die Segnungen, die Gott denen schenken wird, die ihn nicht entweihen.

„Wenn du am Sabbat deinen Fuß zurückhältst, dass du nicht an meinem heiligen Tag das tust, was dir gefällt; wenn du den Sabbat deine Lust nennst und den heiligen [Tag] des Herrn ehrenwert; wenn du ihn ehrst, so dass du nicht deine Gänge erledigst und nicht dein Geschäft treibst, noch nichtige Worte redest; dann wirst du an dem Herrn deine Lust haben; und ich will dich über die Höhen des Landes führen und dich speisen mit dem Erbe deines Vaters Jakob! Ja, der Mund des Herrn hat es verheißen." (Jes 58,13.14)

So wie Desmond, der eine ganze Armee an einem Sabbat aufhielt, damit er Gott verehren und anbeten konnte, erachten es Adventisten als ein Privileg, den Sabbat heilig zu halten, denn dieser Tag ist kein lästiger Befehl, sondern ein Tag der Freude.

HEILEN UND LEBEN RETTEN

Ein gelegentlich anzutreffendes Missverständnis über die Siebenten-Tags-Adventisten ist, sie seien gegen Bluttransfusionen. In Wirklichkeit sind Adventisten weltweit für ihre Betonung von Gesundheit und Heilung bekannt. In der Tat sind ihre umfangreiche medizinische Arbeit und ihre Programme zur Katastrophenhilfe auf jedem Kontinent zu finden.

Desmond bewies an seinem eigenen persönlichen Beispiel als Junge (als er freudig Blut für eine Transfusion spendete) und auch als Erwachsener, dass ein Siebenten-Tags-Adventist dem Beispiel Jesu folgt, indem er Mitleid mit den Leidenden hat.

Ein Dienst der Heilung

Eine der bekanntesten Tätigkeiten der Siebenten-Tags-Adventisten ist es, anderen Menschen Heilung zu bringen. Jesus lehrte: „Du sollst den Herrn, deinen Gott, lieben mit deinem ganzen Herzen ... und deinen Nächsten wie dich selbst!" (Lk 10,27) Die Bibel spricht mehr darüber, wie Jesus den Kranken und Leidenden diente, als über seine Predigten und Lehren. Manchmal wenn Jesus durch die Dörfer zog, heilte er jeden leidenden Menschen der Stadt.

In den letzten Jahren konnte man die Siebenten-Tags-Adventisten in den Nachrichten sehen, wie sie kostenlose medizinische Behandlungen für eine große Menge von Menschen in Städten wie Oakland, San Francisco und Spokane bereitgestellt haben. Vom 8.-10. April 2015 haben über 6.000 Menschen im Alamodome in San Antonio Hilfe empfangen. Im April 2016 stellten sich über 10.000 Menschen in Los Angeles in eine Reihe an, um kostenlose Gesundheitsversorgungen im Wert von über 30 Millionen Dollar in nur zweieinhalb Tagen zu empfangen. Außer den Operationen verteilte die Klinik auch kostenlose Kleidung, einen kostenlosen juristischen Dienst, kostenloses Haareschneiden und Tattoo-Entfernungen – alles auf ehrenamtlicher Basis.

Die Liebe Jesu wurde durch mehr als nur kostenlose medizinische Kliniken in den großen Städten der USA weitergegeben. Christi Beispiel des Dienstes hat die adventistische Gemeinde dazu geführt, dass sie eine weltweite dienstleistende Organisation gründeten namens ADRA (Adventist Development and Relief Agency – Adventistische Entwicklungs- und Katastrophenhilfe).[15] Diese globale, humanitäre Organisation zeigt Gottes Liebe und Mitgefühl dadurch, dass sie Soforthilfe für Menschen in Armut und Notlagen in mehr als 130 Ländern bietet. ADRA arbeitet mit vielen verschiedenen Arten von Sozialprogrammen in den Bereichen Hungerbekämpfung und Ernährung, Katastrophenhilfe, sauberes Trinkwasser und sanitäre Einrichtungen, Kinderhilfe und wirtschaftliche Entlastung.

Die Gesundheitsarbeit ist ein weiterer Weg, wie Desmonds Gemeinde Gottes Liebe zeigt. Weltweit gibt es über 170 adventistische Krankenhäuser, die den Kranken und Leidenden Heilung bringen. Es gibt auch 140 Pflege- und Altenheime, 185 Kliniken und Apotheken, 29 Waisenhäuser und Kinderheime u.v.m. Sie alle tätigen jährlich über 18,5 Millionen ambulante Besuche. In den USA behandeln etwa 120.000 Mitarbeiter ca. 10 Millionen Menschen in einem Jahr in 84 Krankenhäusern, Notfallversorgungs-Kliniken, häuslichen Gesundheitsagenturen, Dauerpflegeeinrichtungen und Hospizen.

Ein gesundes Leben

Weil die Bibel lehrt, „dass euer Leib ein Tempel des in euch wohnenden Heiligen Geistes ist", und dass „Gott in eurem Leib und in eurem Geist" verherrlicht werden soll (1.Kor 6,19.20), praktizieren Siebenten-Tags-Adventisten

---

15   http://www.adra.de/

einen gesunden Lebensstil. Das beinhaltet mehr als den physischen Körper. In ihren Glaubensüberzeugungen heißt es: „Wir sind berufen, ein gottesfürchtiges Volk zu sein, das in Übereinstimmung mit den Grundsätzen des Wortes Gottes denkt, fühlt und handelt. Damit der Heilige Geist in uns einen Christus ähnlichen Charakter ausprägen kann, beschäftigen wir uns bewusst mit dem, was in uns Reinheit, Gesundheit und Freude fördert. Freizeitgestaltung und Unterhaltung sollen dem hohen Anspruch von Geschmack und Schönheit entsprechen, wie sie christlichem Glauben angemessen sind."[16]

Weil ihnen ihre Gesundheit wichtig ist, haben einige Studien gezeigt, dass Adventisten im Schnitt zehn Jahre länger leben als der durchschnittliche Bürger. Im November 2005 schrieb Dan Buettner für die Zeitschrift *National Geographic* den Artikel *The Secrets of Long Life* (dt. Die Geheimnisse eines langen Lebens). Er zeigte Orte auf der Welt, in denen die Menschen länger lebten und nannte sie „Blue Zones" (dt. Blaue Zonen). Eine solche Blue Zone ist in Loma Linda, Kalifornien – nicht etwa aufgrund der geografischen Lage, sondern weil es dort eine hohe adventistische Bevölkerungszahl gibt. Buettner studierte ihre Lebensstil-Praktiken – Dinge wie die vegetarische Ernährung, das Sporttreiben, das Trinken von genügend Wasser – und fand heraus, dass es eine weitere Sache gibt, die zu ihrer Gesundheit beiträgt, nämlich das Halten des Sabbats. Sich eine wöchentliche Pause von den täglichen Strapazen zu nehmen, um sich auf Gott, die Familie und Freunde zu konzentrieren, baut Stress ab und stärkt die sozialen Beziehungen.

Ein einfaches Akronym fasst die Prinzipien eines gesunden Lebens zusammen, welche von den Siebenten-Tags-Adventisten praktiziert werden – NEWSTART.[17] Diese acht Buchstaben stellen im Englischen acht Gesetze der Gesundheit dar, die Kraft, Frieden und Freude bei den Adventisten bewirken, die sich daran halten. Die Prinzipien sind: gesunde Ernährung, regelmäßige Bewegung, reichlich reines Wasser, genügend Sonnenlicht, Mäßigkeit (sich fernhalten von Alkohol, Tabak, Rauschgift und jeglichen Drogen), frische Luft, ausreichend Ruhe und Vertrauen in Gottes Kraft.

Siebenten-Tags-Adventisten glauben auch, dass unsere Vergnügungen und Unterhaltungen den höchsten Standard des Geschmacks und der Schönheit erreichen sollten. Sogar wie wir uns kleiden – in Anstand und Einfachheit – spricht

---

16   http://www.adventisten.de/ueber-uns/unser-glaube/unsere-glaubenspunkte/22-
      christlicher-lebensstil/

17   http://www.dvg-online.de/NEWSTART/Newstart.html

von unserer Beziehung zu Gott und hat eine Auswirkung auf unsere Gesundheit und Beziehungen. Adventisten raten von der Verzierung durch Schmuck ab und glauben, dass Gott die Schönheit des Charakters am meisten schätzt.

In einem Gespräch mit einem seiner Kriegskameraden wurde Desmond einmal gefragt, warum er keine Zigaretten rauche oder ab und zu mal Whiskey trinke. Nachdem er erklärte, dass der Apostel Paulus sagte, dass unser Körper ein Tempel des Heiligen Geistes ist, erklärte Desmond: „Das ist es, worauf wir uns gründen: Dass der Körper der Tempel Gottes ist, und wir wollen ihn nicht mit Nikotin oder Alkohol, nicht einmal mit Kaffee oder Schwarztee verunreinigen. Außerdem glaube ich nicht, dass mir deswegen etwas fehlt. Als Kind habe ich Kräuterzigaretten oder manchmal Zigarettenstummel geraucht, und alles, was ich davon hatte war, dass ich husten musste."[18] Desmond fragte sich: „Wie konnte er seinem unbekümmerten, leichtlebigen Kumpel erklären, dass die positiven Seiten des adventistischen Glaubens diese für ihn streng erscheinende Enthaltsamkeit mehr als wettmachten? Er selbst war kein Trauerkloß, der ständig nur Trübsal blies. Adventisten sind eine Gruppe von fröhlichen Leuten."

EIN LETZTES URTEIL

Desmond wurde von seinen vorgesetzten Offizieren als ein Verrückter, ein Problemfall und als ein Unruhestifter betrachtet. Es gab starke Vorurteile gegenüber Kriegsdienstverweigerern, so genannten „Conchies", weil sie oft als Drückeberger angesehen wurden, die nach einem Weg suchten, um dem Militärdienst zu entkommen.

„Ihr seid doch alle gleich", beschuldigte ihn einer seiner Unteroffiziere. „Ihr spuckt große Töne von eurer Religion, aber wenn euer Land euch braucht, um diese Freiheit abzusichern, drückt ihr euch."

Desmond antwortete: „Da liegen Sie falsch, Sergeant."[19] Die heldenhaften Taten von Doss bestätigten seine Worte.

Manche Menschen haben falsche Vorstellungen über die Freikirche der Siebenten-Tags-Adventisten. Sie haben falsche Informationen gelesen oder haben gehört, dass sie als Sekte bezeichnet werden. Diese Art von Vorurteilen haben schon einige davon abgehalten, sich objektiv mit den Lehren dieser Gemeinde zu beschäftigen.

---

18   Siehe S. 31/32
19   Siehe S.16

Der Apostel Paulus wurde einmal beschuldigt, der Anstifter einer fragwürdigen Sekte zu sein. Von Vorurteilen behaftete religiöse Führer gaben verbittert an: „Wir haben nämlich diesen Mann als eine Pest befunden, als einen, der Aufruhr stiftet unter allen Juden in der ganzen Welt, als einen Anführer der Sekte der Nazarener" (Apg 24,5). Er wurde im Grunde dafür beschuldigt, der Anführer einer Sekte zu sein!

Doch beachten wir, wie einfach dieser Nachfolger Jesu seinen Glauben erklärte: „Das bekenne ich dir aber, dass ich nach dem Weg, den sie eine Sekte nennen, dem Gott der Väter auf diese Weise diene, dass ich an alles glaube, was im Gesetz und in den Propheten geschrieben steht;" (Vers 14).

Siebenten-Tags-Adventisten werden oft als das „Volk des Buches" bezeichnet, weil sie darauf beharren, sich auf dem Fundament der Schrift zu bewegen. Wenn sie mit tiefgründigen Fragen, schwierigen Prüfungen und Missverständnissen über ihre Lehren konfrontiert werden, sind sie schnell darin zu fragen: „Was sagt die Bibel dazu?"

Das Wort Gottes sagt voraus, dass auf unsere Erde eine Zeit zukommt, welche die stärksten Überzeugungen von jedem Einzelnen erschüttern wird. Traumatische Weltereignisse und verrückt erscheinende politische Bewegungen werden die Menschen dazu treiben, dass sie in ihren Bibeln forschen wie noch nie zuvor. So wie Desmond werden viele Christen vor leitenden Persönlichkeiten stehen, um ihren Glauben zu bezeugen. Ihre Worte werden nicht auf taube Ohren stoßen.

Was glauben Sie über unsere Welt, über die irritierenden Zeiten, in denen wir leben, über den Verfall der Gesellschaft und die verhängnisvollen Katastrophen, die die Erde überschwemmen? Jesus gab uns einen Rat, um die turbulentesten Stürme, die jemals über die Menschheit ausgegossen wurden, zu überleben.

„Ein jeder nun, der diese meine Worte hört und sie tut, den will ich mit einem klugen Mann vergleichen, der sein Haus auf den Felsen baute. Als nun der Platzregen fiel und die Wasserströme kamen und die Winde stürmten und an dieses Haus stießen, fiel es nicht; denn es war auf den Felsen gegründet." (Mt 7,24.25)

MEHR ENTDECKEN?
LERNEN SIE DIE BIBEL KENNEN

Kostenlose Bibelkurse
seit 1948

Kompetente und
persönliche Betreuung

Für Einsteiger & Fortgeschrittene

Online oder per Post

Von 7 bis 70 Jahren

**HopeBibelstudien
Institut**

www.hope-kurse.de